KVINNELIGE TIDSVITNER

Fortellinger fra Holocaust

时代的女性见证者
大屠杀的故事

［挪威］雅各布·罗斯　著
（Jakob Lothe）

［挪威］艾格奈特·布鲁恩　斯蒂夫·奈尔松　雅各布·罗斯　摄影
（Agnete Brun）　（Steve Nelson）　（Jakob Lothe）

沈赟璐　译

上海三联书店

伊迪丝·诺托维奇，玛丽亚·加布里埃尔森，布兰奇·马约尔和伊莎贝拉·沃尔夫的肖像由艾格奈特·布鲁恩拍摄。玛丽亚·西嘉尔，朱迪斯·梅塞尔的肖像由斯蒂夫·奈尔松拍摄。艾拉·布鲁蒙莎，伊冯·恩格尔曼，奥尔嘉·霍拉克和兹邓卡·范特罗娃的肖像由雅各布·罗斯拍摄。

在经乌德瓦·雪尔贝里和积极和平出版社（Aktive Fredsforlag）同意后，本书摘录了《我在奥斯维辛中存活下来：布兰奇·马约尔的故事》中的片段。经安德鲁·皮登·史密斯和McNidder&Grace公司的许可，本书摘录了兹邓卡·范特罗娃《锡戒指》一书中的片段。

译者序

2001 年，我 12 岁。有一天，小学老师在课堂上给我们放了一部电影，名叫《辛德勒的名单》，那是讲述一名德国商人借开办工厂之名以一己之力拯救千百个犹太难民的故事。作为一名中华儿女，其实我对第二次世界大战并不陌生。二战时期，日本对中华大地的侵略和野蛮屠戮，对整个中华民族来说是不可磨灭的一段历史。但这是我第一次了解第二次世界大战之于欧洲的情况，也是第一次接触赤裸裸的种族灭绝。影片中有关杀戮的片段不多，虽然是一部记录战争时代的片子，但仇恨和种族歧视被淡化了，爱与帮助、奉献与关怀才是导演想表达的主题。影片末尾，幸存者们摘帽向辛德勒先生致意的画面，深深地印在我的脑海中。

2005 年，我 16 岁，也是世界反法西斯胜利六十周年。那一年我在电视上重温了一遍《辛德勒的名单》。同样是法西斯受害者的我们，在观看电影时，面对犹太人民的无奈、伤痛、困窘和绝望，除了同情之外，我们还多了一份感同身受。感动之余，我在思考着，这群被辛德勒保护而幸存下来的犹太人，他们对德国人的情感是何其复杂。在希特勒在位的这十二年里，没有被辛德勒保护的犹太人民又究竟经历了什么样的痛苦，这十二年于他们是怎样的一段回忆。作为一名女性，我更迫切地想知道，犹太女性在面对和家人及子女分离时，在承受极大的痛苦时，她们是如何凭借着坚强的意志力坚持了下来。

2021年，距离我大学毕业已有十年，自我翻译第一部北欧文学过去了七年。之前在一次挪威文学品读会上，我有幸结识了上海三联书店的编辑杜鹃老师。听到她介绍《时代的女性见证者》这本书，我内心激动不已，自告奋勇接下了这本书的翻译工作。这是我承担的第一部有关二战的纪实文学，在翻译书中集中营的地名和各类名词解释时，我被德国人如此完备和系统的灭绝方式所震撼，另一方面，能在机械化杀戮机器下存活，我猜想这群犹太女性一定是非常聪明的人。

但我想错了，面对迫害，面对四分五裂的家

园，面对惨绝人寰的系统性灭绝，一个普通的犹太人家庭应该采取什么样的反应？她们唯一的选择就是绞尽脑汁地让自己在这个世界多存活一秒。我们常说犹太人聪明，但其实她们只是用坚韧的求生本能，将民族的存亡背负在身上，幸存的背后有多少辛酸又有谁知道呢？原书封面上一个个沧桑坚毅的脸庞后，都藏着一段段耐人寻味的故事和一块块尘封已久的伤疤。她们的口述，是对历史的痛诉。让人更触动的是，假如《辛德勒的名单》中人性的伟大是导演有意而为之，那书中十位女性对命运的挣扎、对同胞的关怀、对希望的向往则是真真切切的。

翻译完这么一本磅礴的著作，不写些什么，总觉得说不过去。但要从沉重的心情中抽出身，理性地看待这个历史问题，或许还需要一段时间。感谢杜鹃老师的信任，感谢同济大学的樊星星老师在翻译过程中给予的帮助。最后，谨以此序代表我粗鄙但真挚的感情，愿这个世界再无战争。

沈赟璐

2021 年 3 月　上海

目录

前 言

本书介绍了十位于第二次世界大战期间在纳粹集中营和灭绝营中幸存下来的犹太女性的故事。她们分别出生在 1921 年至 1935 年间的欧洲。战争结束后，其中四位女性在挪威定居，而后成为挪威公民。另外六位女性则散布在世界的另四大洲生活。

《时代的女性见证者》一书的灵感来自《时代的见证者——奥斯维辛和萨克森豪森的故事（2006）》，这本书由我同安奈特·H. 斯托瑞德一起编写完成。我们发现，如果将故事的背景限制在这两个地点，最终只能寻得男性进行采访。传递女性视角的需求因而变得强烈起来。在介绍大屠杀中有关挪威妇女的故事时，我们所面临的一个主要问题便是，从挪威被驱逐到奥斯维辛集中营的犹太妇女和儿童，最后都没有返回挪威。这就是本书中讲述故事的十名犹太妇女都来自欧洲其他国家的原因。

本书的写作过程充满挑战。如何设计本书的结构以使这些故事呈现出更紧密的关系是制作这本书的主要困难，我在本书的导言部分将详细介绍这些内容。尽管本书的主题令人感到沮丧，但我还是想在此强调，既然能有幸见到并聆听时代见证者，那我就有信心来传达好她们的故事。时代见证者也同样怀着信心将过往展示给这本书的读者们。想到她们再度回忆起为了继续生存本应抛在脑后的遭遇时，我一次又一次地，被这十位女性所表现出的力量和勇气所打动。她们在讲述故事过程中所表现出的勇气，也可以被理解为她们对分享和传达这份经历的责任感。坚强的生存意志帮助她们在集中营中存活下来，这一点也在故事中展现得淋漓尽致。同时，这十位女性都充分意识到，与许多其他没能挺过来的女性相比，她们有多么幸运。

纳粹德国对挪威历时五年的占领，成为战争一代的身份认同。许多像我们一样出生在1945年以后的人都会受到父母辈和祖父母辈的影响，他们的人生被深深蒙上了战争的阴影。就我而言，这种影响主要来自我的母亲，艾德弗里德·罗斯。1939年9月，当第二次世界大战爆发时，她住在英国剑桥。她有一本小日记本，封面印着1939年的字样。她在

1939年9月1日写道，剑桥人民对纳粹德国入侵波兰的事实感到震惊，这句话给我留下了深刻的印象。1939年秋天，她从英格兰远渡回挪威，战争期间在斯塔万格完成了卫校的护士课程，并于1947年参加了第一支挪威派遣至德国的军队，成为了士官候补生。在母亲生命的尽头，她再次取出这本日记，并将其随身携带，存放在位于诺德峡湾洛特地区的房子里。日记似乎代表了她生命极其重要的一部分。对母亲而言，这场战争既给予了她重塑身份的机会，又肯定了她所塑造出的身份。对我而言，亦是如此。

* * *

在此我想感谢安奈特·H. 斯托瑞德给我的启发和中肯的建议。我还要感谢摄影师艾格奈特·布鲁恩对本项目的热情，感谢她为四位挪威女性拍摄肖像，同样也感谢摄影师斯蒂夫·奈尔松为本书拍摄了玛丽亚·西嘉尔和朱迪斯·梅塞尔的肖像。这些肖像是在见证者讲述故事时所拍摄。我还要感谢见证者们为本书提供了自己年轻时的照片，以供展示在肖像照片旁。

本书不仅受到了《时代见证者》一书的启发，

还受到《后证：大屠杀叙事对未来的伦理和美学》这本论文集的启迪，该文集讨论了在最后一批时代见证者去世后，不同形式的纪实和非纪实小说传达、处理和代表历史性大屠杀事件的方式。我要感谢《后证》这本书的两位联合编辑，苏珊·鲁彬·苏雷曼和詹姆斯·费兰，以及杰瑞米·郝索恩、J.西里斯·米勒和伊琳·卡桑德斯对我的帮助和鼓励。我要感谢珍妮特·沃克邀请我去加利福尼亚大学圣芭芭拉分校做客座演讲，感谢她向我介绍了玛丽亚·西嘉尔和朱迪斯·梅塞尔——她们俩都是《时代的女性见证者》书中故事的主人公。

通过展览，诸多博物馆都在本书的撰写过程中给予了我帮助，称职的馆员推荐了一些时代见证者的人选，并帮助我调整故事的叙述，以使其得到公众认可。我要感谢圣芭芭拉犹太联合会、卡普兰犹太研究中心（开普敦）、悉尼犹太博物馆，以及奥斯陆的大屠杀和少数民族研究中心和犹太博物馆。特别感谢赫尔嘉·阿恩岑、玛丽·博纳德利、尤丽娜·博耶斯、朱莉·菲尔贝里、理查德·弗里德曼、玛丽特·朗米尔、皮特·马约尔、诺尔曼·塞利格曼和玛丽埃拉·斯特鲁姆。珍·奥恩菲尔德、曼迪·斯特瓦特和海莲娜·斯沃斯科娃在整理兹邓卡·范特罗娃的文本工作中给予了我莫大的帮助。

我感谢伊琳·莱文所做的宝贵的咨询工作。还要感谢奥德瓦·雪尔贝里允许我使用他在《我在奥斯维辛存活下来：布兰奇·马约尔的故事》书中有关布兰奇·马约尔的内容，感谢伊琳·恩格斯塔德、佩尔·克里斯蒂安·塞巴克和阿尔恩·约翰·维特莱森对本书导言部分提供建设性的评论意见。我与出版社和编辑比约恩·奥拉夫·亚尔合作得很愉快。感谢艾琳·托芙特和安德士·托芙特·罗斯向我提供了宝贵的帮助和支持。

最重要的当然还是要感谢这十位幸存者——是她们让这本书成为了实实在在的时代见证者。

奥斯陆，2013 年 7 月

雅各布·罗斯

导　言

挪威大屠杀

　　在 1942 年至 1943 年的秋冬季节，772 名犹太人从挪威被驱逐到纳粹集中营和灭绝营。其中绝大多数人被送往奥斯维辛集中营，最后仅 34 人幸存。

　　在这些从挪威被驱逐出境并送往奥斯维辛集中营的犹太人中，儿童和妇女无一存活。因此，我们缺失了这两组见证历史的挪威犹太人。从挪威被驱逐到奥斯维辛集中营的妇女和儿童约有 300 名，最后被通通谋杀。这便成为了故事中的一处空白——沉默的留白。的确，幸存的犹太男性代表那些没能返回挪威家园的犹太人，为回述这段历史做了巨大的贡献。此外，在其他难民营中幸存下来的非犹太裔挪威人，也成为重要的时代见证者。他们的证词是宝贵的，也是必要的。但由于在从挪威被驱逐到奥斯维辛集中营的犹太妇女和儿童中，没有幸存者，因此也就没有人能够告诉我们他们究竟遭受了怎样的磨难。

1940年4月9日纳粹德国入侵挪威，居住在挪威的近2100名犹太人，其处境立即变得岌岌可危。历史学家比雅特·布鲁兰德（Bjarte Bruland）对纳粹搜寻犹太裔挪威人的过程划分了三个阶段。1940年4月至1942年1月是第一阶段，纳粹主要采取个人行动，并不一定属于系统性的反犹太政策。1942年1月到1942年10月是短暂的过渡阶段，为第三阶段做准备。1942年10月至1943年2月则是破坏阶段。在最后的这一阶段中，挪威警察逮捕了大量的犹太裔挪威人，并将他们驱逐出境，用船送往四个不同的集中营里。妇女和儿童被分配至最大的两处集中营，搭乘的船名叫"多瑙号"和"哥滕兰号"。

"多瑙号"运输船于1942年11月26日从奥斯陆出发，船上共搭载532名犹太人。在海上漂浮多日后，"多瑙号"抵达什切青，犹太人从那儿被用牛车继续运往奥斯维辛。12月1日抵达集中营后，他们又经历了集中营的挑选过程，此后所有的妇女和女孩，以及 15 岁以下和 45 岁以上的男性都被送至毒气室杀害。

1943 年 2 月 25 日清晨启动了新一轮驱逐犹太裔挪威男性、女性和儿童的行动，规模仅次于前例。"哥滕兰号"运输船上载有 158 名被驱逐的犹太裔挪威人。他们从什切青经柏林被运至奥斯维辛。轮船在 3 月 3 日抵达奥斯维辛。在经过挑选后，所有的妇女和女孩，以及 15 岁以下和 45 岁以上的男性，和上回一样，最终也被毒杀身亡。

犹太裔女性和儿童在大屠杀中被杀害后，那段空白始终存在着。丧命于这场种族灭绝的人数多得令人难以置信，《时代的女性见证者》中的十位犹太女性，不仅仅是大屠杀受害者的见证者，她们还提醒着我们，不要忘记在奥斯维辛集中营被毒死的犹太裔的挪威姐妹和儿童。基于这个维度，编写《时代的女性见证者》的工作备受激励。

纳粹集中营里存活的人便是见证者，因此能为这些集中营和灭绝营里发生的事作证。现在，见证者的人数已然不多了，若干年后最后一批见证者也将与世长辞。我在前言中介绍的《时代的见证者——奥斯维辛和萨克森豪森的故事（2006）》一书，其中有多名男性见证者讲述自己的遭遇和经历，而现在他们中已有一半人去世。见证者们的离开，究竟意味着什么，我们目前还不得而知。但我相信，探寻有关集中营和大屠杀真相的渴望，并不会停止，准确来说，恰恰相反。

采访程序和形式

由于这本书将在挪威出版，因此务必要在书中包含挪威犹太妇女的故事。如前所述，1942 年至1943 年被驱逐到奥斯维辛集中营的妇女均未返回挪威。但是，在大屠杀中幸存下来并在战后定居挪威的四名犹太妇女愿意同我见面，并讲述她们的故事。她们是本书见证者中的：玛丽亚·加布里埃尔森、布兰奇·马约尔、伊迪丝·诺托维奇和伊莎贝拉·沃尔夫。此外，还有六名犹太妇女，出生于欧洲的缘故使她们与挪威人有共同之处，但目前她们分别居于四个不同的大洲：加利福尼亚的玛丽亚·

西嘉尔和朱迪斯·梅塞尔，悉尼的伊冯·恩格尔曼和奥尔嘉·霍拉克、开普敦的艾拉·布鲁蒙莎和伦敦的兹邓卡·范特罗娃。

这十位女性见证者中，一部分是由我亲自联系，另一部分则是通过关键人物的指示和帮助取得联系方式，我在前言中对他们表达了感谢。的确，我迫切希望能采访到来自挪威的犹太女性，但在这之外我也非常乐意会见能讲述大屠杀故事的其他犹太女性，聆听来自不同时空维度的叙述和见解。因大屠杀发生在欧洲，幸存者选择离开这片大陆也不足为奇。由于分散在世界的各个角落，幸存者所身处的地方为她们的叙述蒙上了特有的视角。时间维度的多样化则体现在这些女性经历大屠杀时的年龄，她们分别出生在 1921 年至 1935 年间不等。最年轻的玛丽亚·西嘉尔，在她五岁时便被送往华沙的犹太人区里，有关驱逐的经历被赋予了孩童的色彩。与之相对的是艾拉·布鲁蒙莎和兹邓卡·范特罗娃，她们俩去集中营的时候大约 20 岁，因此她们的叙述视角更显女性特征。

在请求这十位幸存者讲述自己集中营和灭绝营

经历的时候，我需要平衡两点需求，其一是要让全书的结构更具整体性，其二便是能尽可能避免操控或影响对方讲述的过程和内容。基于此，我为每一位见证者设计了如下四个问题：

1. 你被抓捕的原因是什么？
2. 你能否讲述自己在监狱营地的遭遇？
3. 你能否简单描述一下你在战后的生活状况？
4. 当你回首在集中营度过的岁月，有什么是你认为特别重要且不会忘记的？通过了解你和你的同伴所遭受的苦难，我们能从中学到什么？

由于这些问题是在会面之前传达的，见证者们可以好好地思考她愿意说什么，能够说什么。尽管在会面的过程中我简单添加了一些新的问题，但整个交谈主要以我作为聆听者的形式进行。我对叙述的语句进行了编辑，并尽力保存面谈的口吻。此外我尽最大的能力，保留了叙述者的原话和叙述风格。由于见证者们想讲述的和能够讲述的内容存在一定的差异，因此每位见证者的证词长短不一。作为本书的作者，见证者们将自己人生中一段重要的经历传递于此书中，在阅读自己的文字并更正错误后，最终批准了故事的发表。

至于原始版本由英语写成的六位见证者，在将这些问题翻译成挪威语时，我面临着巨大的挑战。见证者们给予我充分的信任，并且同意将翻译后的文本作为原始故事呈现在书中。在 2006 年出版的《时代见证者》一书中，我和另一名编辑安奈特·H. 斯托瑞德有时将叙述者说话时的反应放在括号中。而在《时代的女性见证者》中我不做此选择，原因是为保持前后一致，我必须添加太多括号，这样其意义就被削弱了。尽管每位见证者的反应各不相同，但她们在叙述时经常打断自己，通常是沉默的停顿，偶有哭泣。好几次由于停顿太久，我不确定叙述者是否还能继续。我试图用文本分段来解决停顿的问题。在阅读时虽有些困难，但我们能从段落间想象叙述时的停顿感。停顿前后会出现各种形式的重复。其中一部分的重复已通过编辑删除，但另一部分通常因为意义深刻，被我刻意保留下来。通过这种方式我向读者传递了一种信号，例如见证者在表述自己如何思念未能幸存下来的家人时，重复就具有某种重要性。

每次采访基本都采用对话的形式，分别持续2—4小时不等。但在很多情况下，仅仅一次的对话似乎并不够，因此我们不得不再进行一次采访。原因可能非常现实，例如有时候采访被中断或是见证者没有叙述完。但也出现过更为复杂和曲折的情况，开普敦的艾拉·布鲁蒙莎写信给我说，她阅读了我给采访写的摘要，其中由于错误过多导致文本无法使用。随后我又和她碰了次面，一同捋了一遍采访内容，结果其中确有我误解的内容。但让她无法接受前一个版本最重要的原因是，她对自己的叙述感到不满意。在向我讲述的过程中她回忆起更多的细节，通过讲述她能够身临其境地体会战时的情景。因此，相比她口头讲述故事，在阅读我写成的草稿时，她的口吻会发生改变。结合叙述故事时累积到的经验，我认为有必要编写新的版本，最后经过了她的批准。其他见证者在进行口头叙述和阅读故事的书面版本时，并没有提出像艾拉·布鲁蒙莎那样强烈的差距感。但对所有的见证者而言，口述和文本之间的差异构成了调整和更正她们叙述内容的原因。

一些见证者过去未发表过自己的故事，而另一些则出版过书籍，也/或发表过较短的文章（见文末《文本基础》和《参考文献》部分）。后者包括奥尔嘉·霍拉克和兹邓卡·范特罗娃。在本书中，她们两位的故事并不是以过去发表过的文字，而是以我录制在磁带中的采访对话为基础。因此，我并没有将她们口头的叙述和先前发表的文字相联系，但在其他的场合下，我会按照见证者的意愿，在和见证者合作下，从先前的文字中摘取个别信息。这些补充信息也同样得到了见证者们的批准。

一位曾经写作过自身经历的见证者，她对故事的表达和呈现有另外一种编辑方式，这同样会影响到口头表述。那些曾经担任过，或兼职从事过博物馆向导，或为过去她们待过的集中营安排游览的见证者，与那些出于不同原因并不积极参与此类工作的见证者，也有明显的差别。我的初衷是尽可能挑选背景不同的见证者，以反映这些差异。与此同时，十位见证者的证词表明，对于讲述过大屠杀故事的幸存者而言，复述这段经历并不一定比其他人更简单。因为对所有的见证者而言，叙述时都伴随着沉默，所有证词都或多或少地带有碎片和零散的特征。然而，故事的质量却恰恰相反，丝毫不逊色。

同奥斯陆的布兰奇·马约尔的访谈是一场特殊的考验，它标志着见证者讲述故事的能力界限和道德合法性。布兰奇·马约尔在一段时间前患了中风，几乎丧失了说话的能力。因此她无法像其他九位女性见证者那般，亲口讲述自己的经历。尽管布兰奇·马约尔无法开口说话，她的头脑却十分清醒。既然她清楚地表示愿意将自己的故事编入此书，我真诚地希望我们能够完成这一使命。2009年奥德瓦·雪尔贝里出版了《我在奥斯维辛中存活下来：布兰奇·马约尔的故事》。在获得雪尔贝里的同意后，我从该书中摘取部分文字，后根据布兰奇·马约尔的闺蜜玛丽特·朗米尔在布兰奇中风前两人对话时所做的笔记，将两者进行了结合。在写完草稿后，我将其大声朗读给布兰奇·马约尔听，随后由她逐句审核。在需要修正的地方她会给出明确的信号。这份经调整过的新版文字也经过了她儿子皮特·马约尔的审读和校对。他曾多次听母亲讲述大屠杀的故事。为布兰奇·马约尔撰写证词的经历既独特又震撼，也生动地说明了我们正慢慢步入一种临界点，或曰过渡期——即见证者们无法继续讲述种族灭绝的时刻，就要来临了。

邪恶与关怀的对比

即便如此，见证者仍旧可以讲述她们的遭遇，并伴有一种特殊的权威感。尽管我们对大屠杀了解的程度有限，但当我们阅读或聆听见证者的故事时，我们依旧有收获。这些故事提醒着我们，与纳粹主义和纳粹德国的斗争是一场意识形态的斗争，一场价值观的斗争，为了让挪威发展成为民主国家，必须要赢得这场斗争。《晚报》的政治版编辑哈罗德·斯坦海勒曾评论道，"时代见证者传达了有力的讯息，他们将集体的积极回忆化为精神的慰藉，防止未来出现类似的兽性行为"，他的一番话为见证赋予了意义。本书的故事由十位幸存者对纳粹在七十年前做出的非人行为的证词所构成。尽管七十年是一段漫长的旅程，但从历史的角度看，这只是一段短暂的时光。

种族战争是大屠杀最强大的推动力之一，它既是这场灾难的背景，也是对 600 万犹太人进行大规模机械化谋杀的本质。对犹太人的仇恨是与纳粹自认为在人种上"优于"对方的思想所联系着的。它也同邪恶，或更精确地说，同邪恶的人类行为密切相关。哲学家阿恩·约翰·威特尔森将邪恶定义为"故意违背另一个人的意愿，对其施加酷刑和痛苦，并造成严重伤害"。在大屠杀的案例中，邪恶被大规模实行，既有系统机械化的方式，也有单独和自发的情况。本书的所有见证者都遭受了不同形式邪恶的荼毒。其特点是，她们对别人所遭受的仇恨和邪恶行为的反应与对回忆自己所遭受的折磨一样强烈。朱迪斯·梅塞尔目睹了党卫军士兵抓住孩子并将其扔至地上致死的场面，她对这段经历的描述就是很好的例证。对梅塞尔来说，这种自发的暴力行径不仅充满仇恨与邪恶，更是荒谬至极的。它象征着，一切皆有可能。

从某种意义上而言，我们可以说人在道德实践上的尝试，与大屠杀形成了强烈的对比和冲突。因此，我认为有必要突出大屠杀中的道德面，也即与邪恶对立的另一个极端。此处我受到了丹麦哲学家和神学家，克努德·略格斯特鲁普思想的启发，他认为我们所谓的基本人类素质，或曰作为人，是需要依靠他人，进而依靠关爱的。纳粹死亡集中营清除了人性的关爱，这导致许多囚犯感到自己的人性思维渐渐钝化。基础的道德关爱关系，其原型便是母子关系，尤其是新出生的婴儿，母亲先赋予其生命，后帮助其生活。邪恶与关怀是道德行为的两个对立面，同时也是见证者所叙述的故事的两大特征。尽管营地的条件非常恶劣，囚犯不得不每天为生存而奋斗，但各式各样的关怀却也是故事中引人注目的部分。被党卫军士兵摔至地面所杀害的孩子，曾被其母亲竭尽所能地保护着。兹邓卡·范特罗娃在她的故事中讲述了她与身边的女性如何在战争即将结束时，帮助彼此在死亡的行军路上生存下来。当她们肩并肩走在一起时，大家会轮流被调换到中间的位置。走在中间的人则会由两侧的人支撑并搀扶着，这样便能小睡几分钟。

叙事——可能性与界限

　　故事无时无刻、无所不在地围绕着我们。故事对我们如此重要的原因之一是，从根本上讲，人类是根据自己的生活展开交流的。人生就像一则故事，有开头、中段和结尾，我们渴望在这中间看见不同部分的联结，和我们所做的基本选择。创造并理解故事的能力，对于理解有意义的人类生活至关重要。尽管如此，大屠杀的故事不论怎么叙述都很难说得通。除了难以将仇恨、邪恶和失去说出口外，有些经历更是可怕到无法讲述，或者因为经历与众不同，只能避免故事依赖的语言。因此，这本书的故事本身具有反抗色彩，它是用文字而非肢体冲突来抵抗压迫者的故事。这十位女性的故事具有证词的特征，同时也是叙事的一种特有形式。见证的双重维度说明了见证人经常同时作为旁观者和参与者的痛苦经历。幸存者通过自己的证词来证明自己和其他人所遭受的折磨。与此同时，见证者从根本上说又是孤独的。从这个角度看，见证者可以在超越自身或在更高的维度上提及经历。本书的所有故事都是如此。

挪威前议会主席乔·本科夫于2013年5月18日去世，他在2012年1月27日，也即国际大屠杀日的讲话中强调，大屠杀的死亡人数（约600万人）"是如此之多，这场屠杀完全丧失了人性。"然后他接着说道，战争期间他有一位非常喜爱的表妹，名叫艾达：

> 我看着她坐在我面前，刚洗完澡的她被裹在母亲那条超大的浴巾里，闻起来有种甜甜的阳光味，就像新生小婴儿的味道一样。她用装满喜悦的清澈双眼，看着我。

> 说这段话是有原因的。在寒冷的一天，我记得是1942年12月1日，她和家中的其他女性成员被脱光衣服，赶到一个房间里，德国的种族主义者说给她们冲个澡。但那儿没有水，只有毒气。在那间房里所上演的事情，烦扰着我的一生。

乔·本科夫的叙述展示了个体故事所具有的爆发力，与此同时也让我们意识到，讲述艾达的故事是多么艰难。面对如潮的问题，他再次入座。艾达只有四岁，她成为了种族屠杀中被谋杀的百万犹太儿童中的一员。

历史学家通过经验方法证明自己的陈述是合理的，而见证者则是通过亲身经历来证明。记忆并非是往事的精确烙印，而是在她讲述切身经历的语境下形成的。这就说明了记忆既有选择性又有主观性的特点：我们自己来选择我们想要和能够叙述的经历，按照正确的顺序，透过自身视角，挑选我们认为合适的词语，再配以重音。我们可能会认为，目睹种族灭绝从道德上看很简单，尽管在肉体和心灵上，这无疑是一种巨大的压力。在这种情况下，叙述如有错误，想要纠正的心情就会变得愈发迫切和强烈。这同样表明，见证者对叙事内容和表现方式的选择都面临着艰难的道德考验。

大屠杀是一个历史事件。但却没有任何有关于这一事件的故事，事实刚好相反。正如兹邓卡·范特罗娃所总结的："六百万人被谋杀了。如果所有人都存活下来，那就有六百万个不同的故事。"由于难民营中的某些经历太过残忍并具有侮辱性，要重述这些经历就变得很难，在某些情况下甚至无法用伦理来辩解。因此，见证者们能说或是想要说的内容就大不相同了。伊迪丝·诺托维奇讲述约瑟夫·曼格勒的事就是一个例子。"奥斯维辛集中营里有位臭名昭著的医生，他对双胞胎有种特殊的癖好，但我无法在此展开更多细节，那对我来说太残酷了。他热衷于探寻新的绝育方法，从而防止犹太人繁衍后代。在营地里，他拿许多人做测试，人多得离谱，我也是其中一位被曼格勒用来做绝育试验的犹太女孩。"伊迪丝·诺托维奇希望能尽可能多说一些，显示出她的勇气，但作为读者，我们理解并尊重她无法"深入细节"。

尽管很少有关于大屠杀的"真实"或"完整"的故事，但这却提供了一份答案，展示了幸存者叙事的能力界限和程度。作为叙事者，见证者经常面临着选择，如果接受了一种叙事风格，就不得不排斥另外一种。在面对此类让人逃不开的选择时，见证者仍然设法讲述了自己的丰富经历。恰恰是经历和回忆的主观表述，让故事有了自己的特色。而见证者所传达的，是代表了过去的事实，故事因此具备了重要性。关于监狱营地的证词拥有特殊的价值，因为这些证词不仅代表了见证过程本身，更证明了见证者的生存，以及其通过各种策略与死亡抗争的真实情况。见证者将年轻时的照片借于我，又另外拍摄了一组现在的照片，在这两组照片之间，有大约 70 年的时间差。照片本身不是故事，但由于我们只能在拍摄后才看到照片，它本身就与时间维度产生了联系。可以说，时间维度就在照片之上，是生活在现在或过去的人的视觉烙印。

叙事的维度通过肖像照和老照片的结合得到了增强。见证者在被驱逐出境时，几乎失去了她们所拥有的一切，但所有人却都将自己年轻时的照片借给了我，除了感激，我更觉得惊讶。好几位见证者只留有一张战前拍摄的人像照。这些青春的影像向读者还原了她们在故事所发生的年代中的样貌，而现在所拍的肖像照则展示了她们在叙事时的神态。

作为听众，让我一次又一次感到震惊的是，见证者在讲述营地生活的恶劣条件时所表现出的镇定和信服力。这并不意味着她们叙述的每个细节都"符合"真实情况。正如前萨克森豪森囚犯埃斯基尔德·延森在《时代见证者》中的个人部分里所说的："记忆是一位稍许多变的朋友。"离故事发生已经过去很多年了，同所有人一样，见证者们也会忘记或是记错。即使是历史文献也是如此，从亲身经历者口中说出的证词和将在集中营的切身体会逐字逐句所写成的文字，并不百分百相符。

托勒夫·拉尔松在另外两处集中营里待过，分别是纳兹韦勒集中营和达豪集中营。2013 年 6 月16 日，在我与托勒夫·拉尔松的交谈中，他强调说，他除了是一位普通的见证者外，还有着三种相辅相成的经历：非人改造、身份丧失和邪恶包围。通过集中营的生活，这三种经历在时间上获得了延伸，正是三种经历的结合，使见证者的叙述具有特殊的重要性，并赋予了其独特的权威性。

欧洲大屠杀

坐落在华盛顿特区的美国大屠杀博物馆为大屠杀做了定义，即由纳粹德国和其同盟在第二次世界大战中对约六百万犹太人实施的有体系有财政支持的种族谋杀行动。消灭犹太人是纳粹分子的主要目标，与此同时他们还迫害和谋杀了大量的非犹太人，包括数十万的罗姆人、两百万波兰平民、近三百万苏联战俘、数千名同性恋者和耶和华见证人，以及数万名政治犯和二十万残障人士。纳粹将欧洲大面积的犹太人驱逐出境——从北部的特罗姆瑟到东南部的罗德群岛，从西部的英吉利海峡群岛到东部的苏联内陆村庄。

最新的研究表明，集中营和犹太人区的体系规模比我们所知道的要大得多。在奥斯维辛和华沙犹太人区等熟悉的名字后，存在着一个由小型营地和站点组成的网络，总计超 4.2 万个，犹太人因此遭到系统地迫害、逮捕、监禁和谋杀。（十位幸存见证者生活过的营地概况如下所示，其中涉及的信息和史料主要来自于《美国大屠杀博物馆 1933—1945年集中营和犹太人区百科全书》）

在本书中讲述故事的女性，分别在几个最大的集中营和鲜为人知的小型集中营里待过。小型集中营的条件也很恶劣。整个集中营系统以残忍对待囚犯，有常常引发疾病的恶劣卫生条件以及低营养的食物为特点。

华沙犹太人区[①]

本书中的两位见证者，玛丽亚·西嘉尔和艾拉·布鲁蒙莎曾同家人一起被送往华沙犹太区，这是纳粹在战争期间所建立的最大的犹太人聚居区。犹太人区被三米的高墙包围，围墙于 1940 年 11 月 16 日关闭，此后想要逃跑的人都需要冒着被当场射杀的危险。四十万来自城市和周边地区的犹太人，在这片不到华沙总面积 3％的区域里，被纳粹压迫着，约占华沙总人口的 30％。

与波兰其他的犹太人区类似，包括罗兹的犹太人区等，纳粹通过犹太委员会来组织管理犹太人区。在华沙犹太区内，犹太委员会由绥靖派的亚

---

① 原词为 Ghetto，此处翻译为犹太（人）区，亦可理解为贫民窟。华沙犹太（人）区、科夫诺犹太（人）区在其他文献中也被译作"华沙贫民窟、科夫诺贫民窟"。——译者注

当·格尼亚科夫领导。1942年，在意识到和纳粹共事对犹太人的处境无济于事时，他自杀了。犹太人区的状况十分悲惨。1941年，犹太人日常饮食所含的卡路里不足200卡，波兰人的饮食含700卡，德国人则含2600卡。在犹太人区里寻找工作变得十分艰难，食物短缺逐渐对犹太人的生命产生威胁。

1942年夏，逾十万名贫民窟中的犹太人死于各种疾病或饥荒。这时，纳粹开始将犹太人从犹太人区的集会场所，乌姆施拉格广场，驱逐到1941年6月22日苏联入侵后在波兰东部建立的难民营。大多数人，约26.5万名左右的犹太人，在1942年7月22日至9月12日期间被送往特雷布琳卡灭绝营。在该地逗留约四个月后，新一轮的驱逐行动于1943年1月重新启动。但这一次，德国士兵遭到了抵抗，一群犹太人设法获得了武器。尽管大多数抵抗的犹太人最终被纳粹杀害，但在接下来的几个月中，驱逐行动很少发生。

那一年的4月19日正好是犹太复活节假期的前一天，德军开始了肃清贫民窟的行动。当他们在早晨进入贫民窟时，街上空无一人。但随后在摩德凯·阿涅莱维奇的领导下，犹太战斗组织（ZOB）袭击了德军，并迫使他们从贫民窟的高墙外撤退。三天后，党卫军带着增援部队返回，并开始对楼房进行逐一炸毁，迫使其余的犹太人投降。5 月 8 日，党卫军在米拉街 18 号抓获目标掩体①，摩德凯·阿涅莱维奇被杀害。然而，个别组织成员和一小群犹太民众继续同德军作战。为了继续镇压犹太人的反抗，纳粹于 1943 年 5 月 16 日炸毁了特罗马奇大街上的犹太教堂。当时，犹太人区几乎被完全摧毁，烧成平地。华沙犹太区起义是在被德国占领的欧洲土地上规模最大、最具象征意义的犹太起义。除此之外，这场起义鼓舞了犹太人民，间接导致了 1943 年 8 月 2 日在特雷布琳卡灭绝营和 1943 年 10 月 14 日在索比堡灭绝营的武装起义。

迈丹尼克

　　逾五万名犹太人因涉及华沙犹太区的起义而遭

---

① 掩体，即是避险掩护场所。——译者注

杀害。仍在犹太区中居住的四万名犹太人，都被驱逐到迈丹尼克集中营和各种劳改营。艾拉·布鲁蒙莎就是被送至迈丹尼克集中营中的一员。

自建造时起，迈丹尼克集中营就一直处于建设中。第一批囚犯于1941年10月来到迈丹尼克集中营，均为苏联战俘。大多数人因为身体虚弱无法工作，1942年战俘基本都死光了。第一批被驱逐至迈丹尼克集中营的犹太人，在卢布林的街道上被捕，或从该城市的犹太人区被带走。之后，其他集中营的犹太人也被陆续送往此处，包括来自捷克特雷津集中营的犹太人。在1942年关闭贝尔泽克集中营时，约2.5万名犹太人从这个灭绝营被转移到迈丹尼克集中营。至于他们在抵达时被杀害还是被登记为囚犯，其真相不得而知，但在半年后几乎没有多少人幸存下来。

1943年春天，当在华沙犹太区起义中幸存的犹太人来到迈丹尼克集中营时，大部分囚犯都是犹太人，其中许多人因过于虚弱无法工作，后被使用毒气杀害。同年晚些时候，迈丹尼克发生了大屠杀历史中最可怕的单一杀害事件，史称"丰收节行动"。

丰收节是这次屠杀的代码，1943 年 11 月 3 日有 1.8 万名犹太人遭到枪杀。一般的受害者来自迈丹尼克，其他则是从卢布林地区各个劳改营抓来的犹太人。在杀戮的过程中，迈丹尼克的扬声器里播放着响亮的音乐，以掩盖开枪时的噪音。从被杀人数来看，这是大屠杀历史中在白天规模最大的一次屠杀。（单日规模最大的屠杀发生在 1941 年 9 月 29 日至 30 日，当时有 33771 名犹太人在基辅附近的巴比谷被处决。）

丰收节之后，在迈丹尼克幸存的犹太人很少。1944 年 7 月，当苏联部队靠近营地时，集中营撤离得很迅速，以至于红军在 7 月 24 日进入营地时，集中营的许多地方都保留得相当完整。迈丹尼克集中营也是第一座被解放的大型集中营。

科夫诺犹太人区和斯图斯霍夫集中营

朱迪斯·梅塞尔是 1944 年 7 月从波罗的海犹太人区和劳改营被送去斯图斯霍夫集中营的犹太人

之一。她从当时的立陶宛首都考纳斯的科夫诺犹太人区来到斯图斯霍夫。当苏联军队在 1940 年 6 月入侵立陶宛时,考纳斯成为了欧洲犹太人居住比例最高的城市之一,约有 4 万个居民是犹太人(约占该城市人口的四分之一)。考纳斯是一座犹太人的学习之城,拥有数所学校,城市里建有 40 多座犹太教堂。如果说在苏联入侵后犹太人的处境变得艰难,那么一年后当纳粹德国占领立陶宛时,情况要惨得多。甚至在德国人移居考纳斯之前,支持纳粹主义的暴民就杀死了数百名犹太人。1941 年 7 月上旬,在 19 世纪俄国沙皇于城市周围建立的堡垒中,*纳粹特别行动队(流动屠杀分队)*开始系统地屠杀犹太人。在年底前,德国人共杀害了考纳斯城里一半的犹太人。

其余的犹太人被逼退至斯洛博德卡区的一小片地区。与华沙犹太区所不同的是,科夫诺犹太人区的囚犯在聚居区外的工厂和公司中遭受各种形式的强迫劳动。受华沙起义的鼓舞,从 1943 年起,科夫诺犹太区成立了多个抵抗组织。犹太人还通过秘密档案(便笺、日记、照片)记录了当时的生活条件，这些材料是在该地于1944年8月1日解放时由苏联军队挖掘并发现的。当时，纳粹分子用手榴弹和炸药摧毁了犹太区，大部分幸存的囚犯都被驱逐到了更靠西的集中营里。

1944年，纳粹分子使用齐克隆B型汽油杀死了因虚弱而无法工作的囚犯。囚犯在残酷的条件下不得不为装备和盔甲行业劳役，其中包括福克沃尔夫飞机厂。斯图斯霍夫集中营不断扩大，最终建有105个子集中营。逾6万名囚犯死于斯图斯霍夫。

在苏军从东面逼近的压力下，斯图斯霍夫于1945年1月开始了撤离行动。当时营地里约有5万名囚犯，大部分都是犹太人。5000名囚犯被带到波罗的海沿岸，被迫下水后受机枪扫射而亡。1945年4月下旬，由于此时斯图斯霍夫已经完全被苏军包围，其余的囚犯被用水路疏散。战争后期，船只被苏联潜艇鱼雷击中的危险迫在眉睫。4月16日，"戈雅号"运输船（1940年建于奥斯陆阿克尔的机械车间）在鱼子湾被鱼雷击沉，造成7000多名难民溺水身亡。朱迪斯·梅塞尔所乘坐的船也被鱼雷击沉。1945年5月9日，在红军解放斯图斯霍夫集中营时，苏联士兵发现了约 100 名在撤离期间设法躲藏的囚犯。

特雷津

玛丽亚·加布里埃尔森和兹邓卡·范特罗娃两人均被驱逐到特雷津的犹太人区和过境营地。该地位于现捷克共和国北部的特雷辛小城附近，特雷辛城建于 18 世纪，是一座要塞之城，以奥地利女王玛丽亚·特蕾西的名字命名。特雷津存在于 1941 年 11 月至 1945 年 5 月间，是犹太人区、过境营地和集中营的结合体，总计约有 14 万犹太人被驱逐至该地。正如兹邓卡·范特罗娃所说，其中近 9 万名犹太人被"向东发配"。这些被发配的人几乎都在奥斯维辛、特雷布琳卡或迈丹尼克集中营被杀害。根据"向东发配"这一术语所蕴含的信息，留在特雷津犹太区的人并不知道那些被发配的人等待着什么样的命运。但由于没有人返回特雷津，他们逐渐猜到了最糟糕的结局。

亚当和她的兄弟姐妹是居住在特雷津及附近地区的 1.5 万名犹太儿童中的成员。许多孩子会写诗和画画，其中一些作品被放在布拉格的犹太博物馆中展出。考虑到这群孩子中丧生的比例约占 90%，玛丽亚·加布里埃尔森和她的六位兄弟姐妹能一起幸存，成了大屠杀中独一无二的案例。

除了因为会面临被进一步分配的风险而感到心理紧张外，犹太人区的条件非常悲惨。由于死亡率过高，1942 年纳粹在犹太区的南部建造了火葬场。尽管如此，艺术家、音乐家和演员为特雷津城创造了丰富的文化生活，这使得布拉格成为战前欧洲最重要的文化城市之一。

纳粹利用犹太人区的文化生活来进行政治宣传。当纳粹同意国际红十字会于 1944 年 6 月访问特雷津城时，这种政治宣传到达了顶峰。在红十字会来访前，为让犹太区显得不那么拥挤，纳粹加强对犹太人的驱逐。囚犯被下令栽种鲜花、粉刷房屋，红十字会的代表受邀参加了若干场文化活动。除此之外，纳粹强迫德国导演库尔特·吉伦（同时也是著名演员，曾在 1930 年的电影《蓝色天使》

中出演过玛琳·迪特里希）为其制作宣传片，名为《领袖赐给犹太人一座城》（Der Führer schenkt den Juden eine Stadt），来展示特雷津城的"人道主义"。在吉伦完成电影剪辑后不久，他和妻子被一起送至奥斯维辛集中营，并在抵达时被杀害。

特雷津城于 1945 年 5 月 8 日被苏联军队解放，而党卫军司令卡尔·拉姆和最后的几名纳粹分子则在几天前逃离该城。当兹邓卡·范特罗娃在贝尔根-贝尔森集中营被解放时，玛丽亚·加布里埃尔森和她的兄弟姐妹则于数周后乘火车被送回维也纳。钢琴家爱丽丝·赫兹·索默尔是为数不多幸存的音乐家中的一员，她曾在特雷津城举办了 100 多场音乐会。爱丽丝·赫兹·索默尔于 1903 年出生在布拉格，现在和她的朋友兹邓卡·范特罗娃一同定居伦敦，同时也是世界上年纪最大的大屠杀幸存者。

奥斯维辛

兹邓卡·范特罗娃是从特雷津被"向东发配"

至奥斯维辛中的犹太人之一。布兰奇·马约尔、伊迪丝·诺托维奇、伊冯·恩格尔曼、奥尔嘉·霍拉克和艾拉·布鲁蒙莎也同样被驱逐到奥斯维辛集中营，当时最大的纳粹党集中营和灭绝营。

奥斯维辛集中营的建设工作始于 1940 年夏天，这座波兰的奥斯维城在德语中被称为奥斯维辛，位于克拉科夫以西 60 公里处。影响奥斯维辛集中营发展的两个重要因素是对苏战争以及德国工业集团法本公司在营地的工厂。在最初的几年中，营地的面积被不断扩大，从 1943 年年底开始，营地由三个独立的区域组成：奥斯维辛集中营（作为主营和部落营的原始集中营），奥斯维辛比克瑙集中营（灭绝营）以及奥斯维辛莫诺维茨集中营（法本公司的劳改营）和 40 多处户外营地。主营地最有名的指挥官鲁道夫·霍斯在来到奥斯维辛集中营之前，曾在萨克森豪森集中营任职。

奥斯维辛集中营在 1940 年夏初被设立在一处老旧的军营中。直至 1943 年，囚犯的人数增加到 2 万人左右。首批囚犯是来自波兰的政治犯。之后，许多国家的囚犯也来到这里，苏联战俘、罗姆人和犹太人都成为了系统性灭绝的受害者。在抵达集中营后不久，他们中的大多数人都在比克瑙的毒气室中被杀害。比克瑙集中营建于 1941 年至 1942 年秋冬季，距主营地约三公里。这个营地成为纳粹党屠杀犹太人和罗姆人最大的一处营地。比克瑙由多个子营地组成，例如从特雷津来的犹太人和罗姆人就被分配在不同的子营地中。营地最多可容纳 10 万名囚犯。

大部分来到奥斯维辛的囚犯在抵达后不久就被杀害了。二十至三十岁有技能的男性则例外地生存下来，因为他们可以作劳动力使用。囚犯主要在奥斯维辛莫诺维茨集中营里强迫劳动。奥斯维辛第三集中营于 1941 年为德国工业集团法本公司创立，在这里，该公司建立了一家生产合成橡胶的工厂，名为丁纳橡胶公司。这处营地最多只能容纳约 1 万名囚犯。

1941 年 9 月初，第一次用齐克隆 B 毒气的屠杀发生在奥斯维辛集中营的一处牢房里。由于毒气的杀伤范围太小，之后又在营地的火葬场里建造了一个毒气室。当毒气室的容量又显得捉襟见肘时，

1942年1月纳粹将比克瑙的一处厂房改造成毒气室,同年夏天又对另一间进行了改造。经过测试和演练,纳粹建造了一处以大规模屠杀为目标的永久性建筑,来自欧洲各地的犹太人被向东驱逐,并在此杀害。在1942年1月20日的万湖会议上,与会方讨论了阻止大规模屠杀欧洲犹太人的问题,1942年也是奥斯维辛死亡工厂的筹备和创建年。与贝尔泽克、索比堡和特雷布琳卡等灭绝营不同的是,奥斯维辛集中营中被强迫劳动的人数规模相当大。比克瑙集中营的作用更接近于杀戮机器。

1942年建造了两个带毒气室的火葬场,规模一大一小,并于1943年投入使用。此后,比克瑙集中营的屠杀率得到了颠覆性的提高,对犹太人和罗姆人的机械化种族灭绝于1943年全面启动。1943年春天,医生约瑟夫·曼格勒来到该营地。诸如绝育之类的医学实验甚至在他到达之前就已经开始了,但是曼格勒又发起了一系列新的实验,包括臭名昭著的双胞胎实验。他还负责挑选送去毒气室的囚犯。挑选的目的是筛选出有工作能力的囚犯。其中大多数人,主要是妇女、儿童、老人和病人,被直接送入毒气室。许多被筛选为有工作能力的人，也因为不人道的环境条件致死。

1944 年 5 月，营地的铁路轨道建设完成，简化了比克瑙灭绝犹太人的过程。同时，进行挑选的跑道也从营地外的一条小路移至了营地内，距离最近一处带毒气室的火葬场只有一百米。这些变化与1944 年春夏期间匈牙利的大型犹太人驱逐行动有关。在这期间内，杀戮机器比克瑙的工作最为密集。进入比克瑙正门和通向跑道的铁轨照片如今已成为大屠杀最震撼最知名的照片之一。

1944 年该营地目睹了死亡人数最多的景象，与此同时，局势动荡，社会几近崩溃。1944 年 8 月，莫诺维兹遭美军轰炸，损伤严重，但并未被完全摧毁。在接近 1944 年年末时，党卫军开始炸毁毒气室，试图消除营地中所有暴行的痕迹。

战争快结束时，奥斯维辛集中营的囚犯被疏散至西部和南部，并处以死刑。在长途跋涉的过程中，有成千上万已经疲惫不堪和疾病缠身的囚犯丧生或因为无法继续行走被枪杀。1945 年冬天，一些幸存者来到了不同的集中营和劳改营，例如格罗斯-罗森和库尔茨巴赫，其中许多人最终来到了贝尔根-贝尔森集中营。

1945年1月27日，奥斯维辛集中营被红军解放。当时主要营地共有1000多名幸存者，比克瑙的幸存者逾6000多名，莫诺维茨则有600多名。奥斯维辛集中营是纳粹最大的综合营地，无论从地理范畴上还是在囚犯的人数上都是如此。约有70%的囚犯在到达营地不久后被杀害。这其中涉及前文提及的于1942年秋天和1943年冬天来到营地的挪威儿童、45岁以上的挪威妇女以及挪威男性。奥斯维辛集中营的确切死亡人数尚不确定，因为被带离集中营进行谋杀的死亡人数从未记录在册。

战后对奥斯维辛集中营的罪行提起了两项诉讼。大多数负责核心事务的高级官员，包括鲁道夫·霍斯司令等，都被带到纽伦堡审判并要求作证，然后转移到波兰，于1947年在克拉科夫受审。其中大部分人被判处死刑，霍斯本人于同年在奥斯维辛集中营的火葬场前被绞死。现在，绞刑架仍矗立在火葬场前，被保留为纪念场所的一部分。1963年至1965年在美因河畔法兰克福的法院诉讼被称为第二次奥斯维辛诉讼。这是对参加种族屠杀欧洲犹太人的最大审判。纽伦堡审判的被告是战争罪犯以及最知名的一些纳粹军官，而第二次奥斯维辛审判中的22名被告则是营地守门人和一些中低级官员。在为期四年的准备时间里，共收集了1300多份证词，审判过程中共有来自19个国家的359人作证。1965年8月诉讼失败，由于刑罚较低且存在无罪释放，引起国际社会的不满。

长期以来，奥斯维辛集中营已经成为纳粹大规模灭绝其认为没有生存价值的人们的象征地。奥斯维辛集中营也是与大屠杀最相关的营地。其中有多个原因，最重要的原因可能是奥斯维辛是纳粹杀害人数最多的集中营之一：在该集中营内共有110万—130万人被杀害，其中大多数人在毒气室里结束了生命。

由于奥斯维辛集中营也是强迫劳动的场所，因此给了一些囚犯生存的机会（尽管生存的可能性很小）。因此，他们可以通过不断地目睹周围发生的事来加强对营地的记忆。相比之下，贝尔泽克、索比堡和特雷布琳卡的集中营几乎没有人幸存。尽管在这些集中营中丧生的人数比在奥斯维辛集中营丧生得要多，但这些"纯粹的"灭绝营在我们纪念大屠杀的过程中所占的比例要比奥斯维辛少得多。作为象征，奥斯维辛集中营不仅仅代表本营发生的一切。奥斯维辛集中营建立的前后都发生过可怕的事件。但正如作家劳伦斯·里斯在《奥斯维辛集中营》一书中的结论中写道："我们必须在行为发生时就下判断。从 20 世纪中叶和当时复杂的欧洲文化的角度评判，奥斯维辛集中营和纳粹的'最终解决方案'代表了历史上最低级的行为。"

劳改营

1944 年春天，伊莎贝拉·沃尔夫经历了在匈牙利集中营的犹太人被残忍分离的情况：一组被驱逐到奥斯维辛集中营，而她所在的另一组则被派往奥地利的海利根克罗伊茨劳改营。布兰奇·马约尔是1944 年春夏期间被驱逐到奥斯维辛集中营的匈牙利犹太人之一，并于 1944 年 8 月从奥斯维辛集中营被送到柏林以西的施塔特阿伦多夫劳改营。那年10月，伊迪丝·诺托维奇和350名匈牙利犹太妇女从奥斯维辛集中营被送往海尼兴的劳改营，而奥尔嘉·霍拉克和兹邓卡·范特罗娃则不得不在战争的最后一个冬天，在库尔茨巴赫被强迫劳动。

集中营和劳改营之间的区别在纳粹为大屠杀所建立的营地网络中是不固定的。劳改营是强迫囚犯劳动的营地，其中许多劳改营在引用时被称为集中营。劳改营的一个共同点是，与囚犯繁重的体力劳动相比，他们得到的食物非常少。这种恶劣的生活条件直接导致了许多囚犯的死亡，而这样的安排则是纳粹德国整个集中营和劳改营的指导计划内的结果，所谓指导计划便是"通过劳动进行灭绝"。在战争的最后一个冬天，大部分囚犯在为德国装甲工业劳动。

囚犯除了吃的又少又差外，还穿着透风且不合身的工作服，卫生状况格外恶劣，还要面对看守的虐待。然而，各营地的工作条件有些许差别。在每个营地中，生活状况也可能大相径庭；特别是在冬天，室外指挥比在室内工作艰难。此外，管辖劳改营的军官和身边的其他囚犯都对生活状况造成影响。在所有劳改营中，起决定作用的因素往往是囚犯的身体素质，换言之就是身体素质决定囚犯究竟能撑下去还是被疾病打垮。一个没有工作能力的囚犯在残酷的营地制度中没有什么价值。劳改营的故事还说明了一个令人震惊的事实，即使囚徒身处在艰难的处境中，他们仍旧会互相照顾。

贝尔根-贝尔森

奥尔嘉·霍拉克、艾拉·布鲁蒙莎和兹邓卡·范特罗娃原本都是奥斯维辛集中营的囚犯，最后却在贝尔根-贝尔森集中营落脚。为逃离红军的追捕，纳粹撤离了偏东部的营地，因此她们和成千上万名囚犯一起被送至此处。

贝尔根-贝尔森建于 1940 年，位于策勒市以北，直到 1943 年都只是一个战俘营地。之后，该营地成为集中营系统的一部分，实际上它是一个容纳不同战俘的综合营地，有犹太人、战俘、政治犯、罗姆人、"反社会罪犯"、普通罪犯、同性恋者和耶和华见证人。此外，如前所述，贝尔根-贝尔森成为了来自东部营地的囚犯的集合营，因此囚犯的人数从 1944 年 7 月的约 7 千人增加到 1945 年 2 月的 2.2 万人。1945 年 4 月 15 日，当营地解放时，营地共有 6 万人。随着人数的上升，粮食的供应却与日递减，从 1945 年 1 月起，囚犯可能连续几天没有食物，淡水也供应不足。这两种短缺情况的结合，导致死亡人数急剧增加，死因大都是疾病，尤其是伤寒、结核病和痢疾。

当英军解放该营地时，营地里散发着可怕的恶臭，因为有数千名死囚没有得到埋葬。当时，英国广播公司的一个电影团队跟随着英国军队一起抵达该营地。该电影团队制作了一部有关贝尔根-贝尔森集中营的电影，影片震惊了西欧和北美，被认为是历史上最重要的纪录片之一。在贝尔根-贝尔森集中营里，共有约 5 万名囚犯死亡。另有 1.3 万名囚犯由于病重，获释不久后便去世了。由于囚犯在战后无家可归，英国人在贝尔根-贝尔森建立了一处营地，收留流离失所的民众。

1945 年秋天，英国军事法院在贝尔根-贝尔森集中营对 48 名党卫军军官提起诉讼。起诉书依据的是 1929 年《日内瓦公约》关于战俘待遇的准则，包括营地指挥官约瑟夫·克拉默在内的 11 名被告被判处死刑。法庭还传唤了臭名昭著的囚犯看守伊尔玛·格雷瑟，她在到达贝尔根-贝尔森之前，曾在拉文斯布鲁克和奥斯维辛工作。

生存的策略——沉默和叙事

我们喜欢将叙事视为沉默的衍生物，也喜欢将沉默和叙事想象为一组矛盾的事物。《时代的女性见证者》中所提到的故事，并非是简单的叙事而已。她们有太多想要讲述的内容，然而也出现了各式各样的沉默。尽管讲故事的行为是主动的，但并非所有形式的沉默都是被动的。如果叙事是一种生存策略，那么沉默也可以。这两种人类活动都是复杂的，当我们将它们交织在一起审视时，它们甚至变得更加复杂。在编辑本书的故事时候，我们也因此无法避免这一点。受害人的沉默、对受害人施加伤害的犯罪者的沉默，这两者之间也有区别。沉默的第三种变体是历史学家劳尔·希尔伯格所说的旁观者，即那些不能或不愿说出自己所看到的东西的人，或许他们有可能会做些什么来反抗，但当时并没有。犹太人集中营、站点和聚居区的总数高达4.2万处，这说明在希特勒上台的十二年中，欧洲实际上有很多此类的旁观者。

关于"生存策略"，我在这里特别想到的是时代见证者或多或少有意识地用来在战后继续生活的各种策略。但在难民营中，妇女也必须有其生存之道——即日复一日存活下来的策略。时代见证者也强调了自己当时无能为力和必须依赖运气的诸多情况。然而，在有机会的情况下，选择合适的策略，采取合适的行动非常关键，例如在食物队列中找到最佳位置等等。尽管有各式各样的生存策略，在监狱营地和以自由人的身份在战后继续生活的策略，这两者之间存在着某些联系。

由于大屠杀的经历太令人发指，叙述该事件的女性会试图斟字酌句，有时候甚至会怀疑自己选择的语言是否恰当。叙事是一种强大的交流形式，能够使叙事者回到她所讲述的事件中。如果她首先想做的，是强迫自己将这些事情抛在身后，以便继续生活，那叙述就会出现问题。在涉及种族灭绝这样可怕的事件和创伤时，沉默或叙事，并没有孰对孰错的标准答案。同样的一份策略，对一位幸存者而言是好的，但对另一位幸存者却未必如此。许多见证人一生都保持沉默，而本书证词的特点是，沉默与叙事之间的关系，与其说是非此即彼，不如说是兼而有之。尽管每位见证者在实际讲述的过程中，情况各不相同，但对她们中的许多人而言，这是一段超过50年之久的回忆。

时间见证者的故事前后都有一段沉默。在证词的最前沿，有一种沉默，是许多妇女已经习惯多年的沉默。当她们现在重新说起这段往事时，故事不停地将她们引向让她们想沉默的地方。随后，故事会停顿一会儿，这又是另一种沉默。大屠杀研究学者艾琳·莱文在《沉默的讲话》一文中写道："总是有一些沉默的故事，这些声音从未被听到。但有时候，当人们只听单词之间的沉默时，即故事本身蕴含的沉默时，就会有机会扩大我们的知识面，增进我们的理解。"正如艾琳·莱文所写的那样，"没有人能对沉默进行采访。毕竟，对他们来说，沉默是不存在的。这些女性幸存者在从营地里生存下来后，度过了那么多年的时光，不确定她们是否可以重启这段带有沉默烙印的经历。在那段往事中，沉默或叙事的问题可能与她的生存策略无关。但现在，这十位时代见证者的叙事十分重要。

如果时代见证者在沉默了一段时间后继续叙事，那么说明她们在之后的叙事中包含了跨越生死边界的内容。依此来看，证词所占据的时空很短暂，十位女性也深谙这一点。但这种集中时间的形式，介于以沉默或可能继续叙事为终点之间的形式，有助于从道德上，赋予独特的严肃感和叙事强度。

女性叙事的代表性不足

由于我们在整个欧洲，尤其是在挪威，很少有女性见证者能够讲述有关大屠杀的故事，因此女性叙事不仅代表性不足，其价值也受到了低估。一个无法通过语言来讲述的故事很难让人理解。沉默也容易被忽视。从这个角度来看，本书时代见证者的证言变得尤为重要。通过叙事，本用沉默保护自己的十位女性将内心深处不愉快的回忆和曾遭受的创伤暴露在公众前。她们的叙事，既有勇气也有毅力。

勇气有不同的形式，这可能是大屠杀和第二次世界大战文献中女性故事代表性不足的另一个原因。并非所有的勇气都能被看见。例如，艾拉·布鲁蒙莎曾参加华沙犹太区起义，这是一份勇气，但本书证明了，即使不使用武器，即便没有任何命令，勇气也能得以展现，这种勇气不应被忽视。与此同时，沉默又紧随着勇气出现。朱迪斯·梅塞尔讲述的那位孩子母亲就是一个例子——党卫军士兵把婴儿扔到地上杀死。朱迪斯·梅塞尔说，这位母亲之后再也不愿张开她的手，无论走到哪里她的拳头里都握着那份她不愿示人的东西。当党卫军终于逼迫这位母亲将手摊开时，发现原来她捏着一只婴儿鞋。党卫军士兵命令她将这只鞋和死去的孩子一起扔至尸体堆里。在她拒绝后党卫军便举枪杀了她。这位母亲是大屠杀的英雄之一，是一位具有正义感与道德感的英雄，她不仅对自己的孩子展露了深沉的爱，同时还表现出非凡的勇气。

不论男性或女性，见证者们都有着非人改造、身份丧失及被邪恶裹挟的经历。同时，时代的女性见证者向我们证明了，女性在营地经历的事件又与男性不同。让一位女性在男性党卫军军官面前光着身子，和让一位男性这么做，其意义显然不同。好几位女性见证者都诉说了，将所有毛发从身体剥离的惨痛经历，这种做法让她们有种剥夺了身体某一部分的感觉。女性和男性在有关约瑟夫·曼格勒医学实验上的经历也是不尽相同的。在讲述这些医学实验时，朱利叶斯·帕蒂尔在《时代的见证者》一书中的叙述方式比伊迪丝·诺托维奇在本书的表现更为直接。许多妇女遭受到不仅来自德国士兵和平民甚至包括同盟国的苏联士兵和其他男性的强奸。与男性最大的区别是，营地里的妇女和孩子生活在一起，她们不得不目睹孩子遭到杀害或是因饥饿致死的过程。

　　在集中营里，两种性别的囚犯也存在互相帮衬的情况。例如，在奥斯维辛集中营里，塞缪尔·斯坦曼就非常照顾她的弟弟。1945年1月，从奥斯维辛集中营到格赖维茨的死亡行军中，朱利叶斯·帕蒂尔和塞缪尔·斯坦曼挽救了修读医学的利奥·艾廷格的生命，后来他成为了著名的精神病医生。令人为之一振的是，《时代的女性见证者》的故事表明，关爱之于女性的意义何其深刻，女性对彼此的关爱又是何其坚定。这样的例子包括，奥尔嘉·霍拉克和她母亲，伊迪丝·诺托维奇和她的闺蜜伊洛娜，以及玛丽亚·加布里埃尔森和她的兄弟姐妹之间。那位紧紧抓住婴儿鞋的母亲，也是如此。她们对彼此的关心仿佛构筑起了一面道德的防御墙，抵御周围所看到的所有邪恶。相较于身体的对抗，内心的关爱不易察觉，由于缺乏舆论的呼声，这使得我们更倾向于收集诸如在战争等极端情况下，专门讲述男性之间互相格斗的故事，有关女性互爱互助的故事稍显不足。

叙事是为了不被遗忘

本书中的时代见证者并非历史学家，她们的视角自然也必定是有所不同的。因为她们曾在那儿待过，经历了囚禁的岁月，又在囚禁中幸存下来。她们一直生活在被囚禁的记忆中。现在，她们将讲述70年前的经历。那是一个充斥着饥饿、流感、疾病、死亡、虐待、压迫、屈辱和恐惧的世界。有一些经历，时代见证者再也无法记起，有些片段和事件，她们也不敢百分百确定。但她们曾经就生活在那里，并愿意叙说她们所记得的事情，这不仅能帮助她们留住回忆，也能防止后世的人遗忘这段历史。时代见证者向我们所诉说的，还可以让我们得以窥见当人权、仁爱和对生命的尊重被弃置一旁时，世界所发生的变化。只要时代见证者还存活在我们之中，只要她们能以本书中的十位女性的方式来讲述自己的故事，那么纳粹暴行就不会被遗忘。

要防止对同胞重复上演这种可怕的行径，防止人们默许或接受这充满仇恨的行为，就不能遗忘历史。一旦我们忘记和漠视这段过去，那么这些证词将是一记强有力的提醒，它告诉我们，如果不谨记历史所传递的信息，人类就将面临另一场巨大的灾难。

Maria Gabrielsen

玛丽亚·加布里埃尔森

生于 1934 年 1 月 3 日。1943 年被驱逐到特雷津集中营，直至战争结束。现居桑德弗尤德（挪威）。

我还记得我四岁的时候，家住在维也纳。我们七个兄弟姐妹，过着愉快的童年时光。爸爸是裁缝，在家工作。他用缝纫机缝制西服，然后给顾客送衣服。他有一个带盖子的铁熨斗。通过盖子，他把炉子里烧红的木炭块放进去。熨斗碰到他浸过水的布料的时，会发出嘶嘶声。这让还是小女孩的我看得很着迷，正是从父亲那儿我继承了对缝纫的兴趣。

爸爸是犹太人，名叫迈克尔·施瓦兹。我母亲名叫罗莎，她是德国血统。当时她已经从信奉天主教转变为信奉犹太教。我们住在西米尔领区的一间公寓里。突然有一天，一个男人跑到我们孩子们玩耍的走廊。他的胳膊上抱着一个婴儿，大喊："战争来了！要打仗了！"他神色慌张，随后把婴儿扔向空中。这是我第一次听到"战争"一词，心想着那究竟是什么。

从 1938 年开始，我们的处境急剧恶化。1938

年 3 月 12 日，德国部队进军奥地利，犹太人的生活状况变得更加艰难。爸爸失去了他的顾客，伙食没以前好了，我们不得不开始使用配给卡。卡片是绿色的，上面印着的红色字母代表我们是犹太人，当我们把卡片掉在地上，必须弯腰捡起来的时候，站在周围的人就会对着我们吐口水。

妈妈很严格，她经常把我们锁在公寓里。如果有孩子做了她看不惯的事儿，那所有人都会被妈妈用衣架子打，衣架子就挂在门把手上，所以很方便。

六岁那年我开始上学。在教室里我们必须为希特勒唱赞美歌，教室的墙上挂着他的画像，就在老师的座位上方。我们还要为希特勒祷告，感谢他给予我们每日的口粮。当时的我觉得这么做还算不错。但在家里，我们不会在意这是希特勒给的面包，而且我意识到，父亲并不喜欢他。所以我也就跟着不喜欢他。父亲在煤矿公司找到了不错的工作，我想应该是在波兰吧。他回家的次数很少，但每次回家我们都感到非常高兴。

针对犹太人的禁令变得越来越多。各种各样的禁令层出不穷。我们不能坐电车，甚至不准去电影院。有朋友对我们说，狗不能进的地方，犹太人也不能进。

妈妈爱上了一名党卫军，但我们从来没见过这个人。每次他来家里拜访的时候，妈妈就会把我们赶出去。有一次爸爸回家，妈妈却不让爸爸进公寓。我的一个姐姐贝塔，给爸爸拿了一些衣服，后来他只好去朋友家过夜。妈妈当时的目的就是向盖世太保①举报她的丈夫。爸爸毕竟是犹太人，所以当时盖世太保已经在寻找他，得到妈妈的帮助，他们显然很高兴。之后，爸爸被带到维也纳的一个劳改营。

后来，妈妈还举报了年纪最大的三个孩子——欧文、希尔达和贝塔。他们被立即带走，也被送去了劳改营。在忙完和爸爸离婚的事情后不久，对我们四个年纪最小的孩子，她也不想再有任何瓜葛了。由于她是德国血统，很快就有人帮她将我们这

---

① 盖世太保是德语"国家秘密警察"（Geheime Staats Polizei）的缩写 Gestapo 的音译，由党卫队控制。它在成立之初是一个秘密警察组织，后加入大量党卫队人员，一起实施"最终解决方案"，屠杀无辜。——译者注

些"犹太孩子"从公寓里赶出去了。

那天家里来了两位女士，把我们四个带到一所孤儿院。这次她们允许我们搭电车走，但我们必须站在电车内最靠边的地方。我们身上几乎没穿什么衣服，只有裙子，内衣和鞋子都没穿。我们双手空空，什么也没拿，因为母亲卖掉了我们家中的大部分物品。

那是一所由犹太人经营的孤儿院。在这里，我们得到了很好的照顾——我们洗了澡，换上了干净的衣服。大家按年龄分组，男孩和女孩分开。平时我们得帮忙做不同的事情。虽然没法上学，但是我们称呼为"阿姨"的人会试图教给我们一些知识。我在那儿学会了如何做晚祷告，至今我还保留着这个习惯。

有时会有穿着制服佩戴步枪的德国人来我们这儿巡视。这时候我们必须一动不动，一言不发。孤儿院里有一个院子，是我们孩子平时玩耍的地方。那天，来了两个德国人，他们说如果我们这么闹腾，他们会开枪杀了我们所有人。我们非常恐惧，孤儿院的大人们意识到这话可能是认真的。

从那天起，每到下午去外面玩的时候，一次只允许几个人出去透透气。一段时间后，我们得知爸爸和我们三个年长的兄弟姐妹在基库大街附近找了一间小公寓，离孤儿院不远。我们得到允许可以在星期天看望他们，能够重逢的感觉真好。但是一出门，我们就不得不戴上大卫之星①。我们会先用纽扣将星星别在外套上，等一穿过大门，我们就将其取下。为了防止我们这样做，后来星星被用缝纫机固定在外套上。当我们在大街上遇到年轻人时，他们一看到星星，就朝我们扔石头，拉扯我们，还往我们身上吐口水，并且不允许我们做任何反抗。在走去爸爸和兄弟姐妹居所的路上，有太多麻烦等着我们，以至于我们每次去都很害怕。但是我们依旧咬紧牙关闯了过去，因为真的很想念爸爸和哥哥姐姐。

我们在孤儿院的时光度过得很开心。"叔叔阿姨"对我们很尊重。当有人过生日时，小寿星可以

① 大卫之星，是犹太教和犹太文化的标志。以色列建国后将大卫星放在以色列国旗上，因此大卫星也成为了以色列的象征。——译者注

坐在桌子的最前头，黑板上也会写着某某某过生日。这些事是我们生命中的亮点。我们和"弗里茨叔叔"还有"迪塔阿姨"相处得特别愉快。战争结束后，当我们得知他们俩都是孤儿院中幸存下来的少数成年人，并且还结了婚时，我们感到非常高兴。但是弗里茨和迪塔的父母都被送到了奥斯维辛集中营，并在那里被杀害。

当我们在孤儿院时，家里发生了戏剧性的变化，直到后来我们才知道这件事。我的父亲和三个兄弟姐妹仍然住在基库大街。但是与我母亲同住的党卫军男子在八个月后去世了。此后不久，她开始了一段新的恋爱关系，这次是与一个名叫马蒂亚斯·施耐德丽兹的激进纳粹分子。他们迅速坠入了爱河，为尽快结婚，他们要求父亲签署离婚文件。在遭到父亲的拒绝后，母亲去了盖世太保的办公室，并向纳粹举报了她的丈夫。她告诉他们，迈克尔·施瓦茨不仅是犹太人，而且是共产主义者和反纳粹分子。妈妈成为了告密者，在结婚的第 20 个年头出卖了丈夫。

爸爸立刻被逮捕了。事情发生在 1942 年 4 月。

他不得不在盖世太保维也纳的总部里面对长时间的审问，最后他被判处犯有反纳粹活动罪。一开始的几周里，他被安置在劳改营，之后便被送到奥斯维辛集中营。1943年秋天，他在那里被杀害。

当母亲发现父亲已经去世时，她要求奥斯维辛集中营出具死亡证明。一拿到这张证明，她便与马蒂亚斯·施耐德丽兹结婚了。但是妈妈的行动并没有停止。之后她再次回到了盖世太保办公室，并举报了最大的三个孩子——欧文、希尔达和贝塔。他们也很快被捕，并被送到维也纳郊外的一个强迫劳改营里。

当时我们在孤儿院，对此一无所知。没有人告诉我们父亲已经死了，也没人提及年长的兄弟姐妹被送去强迫劳动的事情。我们于1941年来到儿童之家。1943年4月，我住进医院，疑似患有麻疹。但是有一天，我突然被带回了孤儿院。当我到达那里时，我注意到院里的气氛变了。我看到一些女孩沉默地把身体耷拉在栏杆上。空气中仿弥漫着恐慌的气氛。我在穿衣打扮后，被带去了缝纫室。我发现自己的包已经被装好东西，放在了桌子上，上面用黑色字母写着我的名字。这时候我才意识到，我们要被集体送走了。

感觉我的童年就在这里结束了。不久之后，我遇到了其他三个兄弟姐妹，突然间，欧文、希尔达和贝塔也相继出现。然后我们七个兄弟姐妹又团聚到了一起，但这次我们却处在一个悲伤和困难的境地。我们每个人都从孤儿院得到了一麻袋的食物和衣服。外面有一辆卡车，坐在上面很放松。我们从站在卡车周围的人那里得到了一些食物。他们可能也觉得我们有些可怜。

最后我们被载到了铁路站。那儿有很多人，还有穿着制服拿着蜂箱的德国人。我们上了接驳的汽车，再换火车，那是由木质车厢组成的火车，坐着的是木质板凳。火车出发了。但我们却不知道目的地是哪里。火车经常停下来，这时候德国士兵会穿过一节节车厢，以确保一切正常。我不喜欢他们靴子踩在地板上的声音，听到那个声音会让我联想起痛苦的过去。

我们坐了很长时间的火车，具体多久我已经不记得了。当我们到达装载轨道时，天很黑。一名士兵走进我们的车厢，对着我们大吼"出去"！他让我们通通下车，把行李留在车上。所以我只好把仅剩不多的东西也留下了。然后，我们在站台上接受了纳粹军官和捷克警察的检查，主要想看看我们身上是否携带了珠宝、金钱或其他贵重物品。每个镶金牙齿的人都被登记了下来。至于我，他们把我身上的一只耳环拿走了。那副耳环很漂亮，有一颗红色的爱心，后来我只剩下了另一只。失去一只耳环真的令我非常伤心。

在站台上，我们被分为两组：妇女和十二岁以下的儿童将被带到一个军营，男性和十二岁以上的男孩将被带到另一个军营。欧文 21 岁，因此加入了成年人的行列。我们几个女孩和弟弟库尔特被分在一起。之后我们被带到一个大营房。穿着条纹衣服的人倚在栅栏上看着我们。我们一大群人中有人试图与他们交谈，但被严厉告知不许这样做。在营房里，由于要进行消毒，我们不得不脱掉所有的衣服。当时的我不知道消毒是什么，但后来我意识到德国人之所以这样做是因为他们害怕虱子。

然后我们洗了澡，还被剪了头发。当一名狱警用刮胡刀剪我的头发时，我觉得很绝望。我长长的黑色刘海被剪没了，整个人看起来和其他囚犯一样古怪。我希望能把自己的衣服拿回来，但我们却不得不从一大堆衣服中抽出一些衣服，看看是否合身。所有事情都必须快速完成。"快点！快点！"他们朝着我们反复吼叫，"快，快！"

第一个晚上，我们被安排在一个大通间的宿舍里。里面摆着双层床，上下各有一个床垫、一个装有稻草的枕头和一条毯子。我和兄弟姐妹们在一起，除了哥哥，在那之后我再也没有见过他了。由于坐了长途火车，我很累，很快就睡着了。这是我在特雷津的第一个晚上。

第二天早上我们可以看到营地在白天的模样。营地到处都是栅栏。大门上挂着标语"工作让您自由"。我们最小的四人在一起，年纪大的三个被送到另一个营房。当我们到达一个类似孤儿院的地方时，我们被按年龄划分到不同的房间，而成年人则必须去工作。照顾我们的是犹太人。他们来自不同的国家。我们得到的第一件东西是一个看起来像鱼缸盒的铁盒，里面配了一把铝制勺子。他们告诉我们，必须小心保管好这个盒子。但之前我们留下的所有东西，没有任何一件可以拿回来。直到后来我们才了解到，行李箱内可用的物品都被运去了德国。

早晨，我们必须拿铁罐去接咖啡喝，实际就是一种棕色的水。这是煮开的水，因为我们没资格喝泉水。我们没有任何洗护用品。只有水和下水道，要洗澡就去冷喷泉里洗。

我们不得不排很长的队伍才能拿到食物。一些孩子由于过度疲劳就倒下了。这时候会有人来把他们拉出排队的队伍。晚餐通常是豌豆汤，是用干黄豆煮成的汤。汤里有很多蠕虫，汤煮熟后它们就漂浮在面上。我们把蠕虫挑出来，然后再进餐。每隔一天我们能拿到一块面包。我们必须把面包藏起来吃，这样就能撑两天。面包上有好多条蠕虫在爬，而且还是活的。我们后来学会怎样用手指把一些蠕虫挑出去。毕竟我们必须吃点食物才行。

在装着稻草的双层床上，有很多跳蚤和臭虫。到了夜晚，当我们试图入睡时，它们会在我们周围爬来爬去，还会咬我们。为了减轻痛苦，我们用力把皮肤挠出鲜血。后来我们身上慢慢长了虱子，而且这非常容易传染。它们会在头皮上挠痒痒，还会在耳朵后面产卵，因为那地方很暖和。当时虱子成为传染病一样肆虐整个营房。当它们在我们身体上爬时，感觉就像皮肤在动。

营地里没有学校，上课是禁止的。但一些照顾我们的成年犹太人设法取来了铅笔和纸，还设计了一些包含着教学元素的休闲活动。他们很有创造力，例如，有关地理的课程就通过猜谜比赛的方式进行，这样我们可以学到一点点知识。他们一直派人守着门，当德国人骑着马来检查我们时，看门人会立即通风报信。等德国人走进房间时，我们就一动不动地坐在凳子上。那场面让人头疼且神经紧张。

许多人在特雷津被活活烧死了。已经去世的人之后也会被焚烧。火葬场里会散发出淡淡的烟味。每天，守卫都拖着两个轮子的平板货车在营地周围走来走去。他们把死者像扔面粉袋一样扔到了马车上，然后把他们运到火葬场。骨灰都装在盒子里，好多孩子必须排着队，把盒子里的骨灰倒在卡车上。盒子的设计可以让它们整齐地堆放在车上。你不可以询问他们将用这些骨灰做什么——就算问了，你也是得不到任何答案的。但作为倒骨灰的报酬，我们可以拿一片面包，或者甚至是一小段香肠。在那个时候，这待遇已经相当优厚了。

到了秋天，我们这群孩子要剥栗子。栗子树在德国人居住的营房外面。我们得捡好栗子，放进麻袋里。等到下雪时，我们必须在雪中徒手挖才能找到栗子。天很冷，我们几乎都要冻僵了，因为我们脚上等于什么都没穿。后来我就用尽力气苦苦挣扎，觉得冷的时候就用手敲腿。

过了一段时间我负责隔天喷药。每次我都很惧怕这东西。我不知道那是什么，但是我想这一定是某种实验。这种恐惧在战后也伴随了我很长时间。在营地的时候，我得了结核病，战争结束前没有得到任何相关的治疗。我当时人很瘦，但其实大家都是如此。时光飞逝。我们就这样在特雷津的营地待了近两年。

营地里有一个电影院，有时我们会聚在那里。身穿制服的德国人坐在观影席上，而我们女孩子只能坐在板凳上。在对我们进行了一番仔细的审视后，他们用手指了指我们中的一些人："你""你"

和"你"站到边上去——这些人我们之后再也没有见到过了。

我很幸运，他们跳过了我。这类事情发生了几次。营地的孤儿院里有一个失明的女孩。我非常喜欢她。她唱歌很好听，但却长着一双布满皱纹的手，显得有些丑陋。我忍不住便问了她原因。她说："他们把沸水倒在我手上了。"知道这件事后，我更同情她了，之后和她也开始走得近起来。她很高兴，还为我唱歌。她的声音真好听。我记得她叫埃里卡。但是后来她被带到电影院，我就再也没见到她了。

一些在其他营地里生病的囚犯会运到我们这儿。他们都是坐大篷车来的，其中许多人患有斑疹伤寒。这种病的传染力非常强。当篷车到达营地时，囚犯被告知要从马车上跳下来。许多人由于太过虚弱，只能从车上摔倒在地。他们身上几乎没有穿衣服。车站和营地之间有一条溪流。囚犯被告知必须先越过小河，才能把他们算入进营地的人。跳不过去的人非常多，这些人最后都被推入了小溪。然后犹太人不得不将他们的尸体从水中拉出来，之后被运去营地的火葬场。这一切，我们可以从营房的窗户看得一清二楚。

负责把死者运到火葬场的人是囚犯。每天我们都能看见他们要来回运进去好几批尸体。他们有一辆两轮拖车，尸体就被他们堆在后面拖着的车筐里。其中一名囚犯负责从前面拉死人的下巴，另一名囚犯则在后面推着尸体。开拖车的这些囚犯在清理尸体的时候，有固定的行进路线。

1945 年春天，我们可以感觉到德国人承受了巨大压力。士兵和军官显然都没有安全感，营地中盛行各种传言。传言之一是丹麦的犹太人将被接回丹麦。那是一段令人不安的时期。纳粹会不会对我们做什么？他们或许会在逃跑之前杀死我们？当时从难民营出发的火车上挤满了要离开特雷津的德国人。后来我们被告知，德国人决定了，5 月 8 日和 9 日我们将进入毒气室里。这个毒气室，有一部分是被逼迫的犹太人建造的。毒气室几乎要完工了，但是德国人还没有收到齐克隆 B①。

---

① 齐克隆 B 属于氰化物的化学药剂，原本用作杀虫剂，但被纳粹德国用来在灭绝营或集中营进行大屠杀。——译者注

后来很幸运，我们被解放了。但之后我们听到了枪声和大炮的声音，大约持续了两天。5月8日半夜两点，苏联人带着坦克和卡车进入了营地。营地的阿姨们走进房间大喊："战争结束了！"我们都不理解，那是什么意思。苏联人从卡车上朝我们扔食物和香烟。许多人由于长期营养不良，根本无法消化食物。

此后不久，第一批白色长途车进入了营地。两天后，首批长途车开往丹麦，车上的犹太人欢呼雀跃。穿制服的护士提供食物给他们，对待他们的态度非常友善。对于已经习惯尖声命令的我们来说，一切都让我们感觉非常陌生且不习惯。我记得很清楚，长途汽车的车顶上有个红色的十字，因为我当时可以从窗户看到那个标志。一直站在铁丝网的屏障内，非常难受。

最初，我们不可以离开营地。因为这么做很危险，许多人都完全疯了，为了拿到食物，一些人在打斗中丧生了。随后他们告知我们，可以在营地内部找寻自己的家庭成员。我们所有的兄弟姐妹居然都活下来了。真是令人难以想象啊！除了和他们在一起，其他我什么都不想要。一位来自南斯拉夫的阿姨想把我领养回她自己的家，但一听到这我就开始哭，因为我非常害怕自己会再次失去兄弟姐妹们。阿姨说她表示理解，并尊重了我的想法。

我们七个兄弟姐妹最后一起回到了维也纳。这次旅行花了很长时间，我们身上空空如也。之后我们去了一家孤儿院，那儿专门接收集中营回来的妇女和儿童。我们在那儿有房间住，有东西吃。

我们都渴望见到爸爸，完全不知道他的下落。直到我们到达维也纳后，我们才听说母亲举报父亲的消息，并得知了他在奥斯维辛集中营被杀害的事实。母亲拿到了父亲的死亡证明，以便嫁给她的新男朋友。妈妈怎么能对自己的丈夫和孩子做出这样的举动，真是让人难以理解。直到今天，我还是不明白。

报纸上刊登了关于我们的报道，因为对于一个犹太家庭中说，所有孩子都在特雷津生存下来是很不寻常的新闻。但不久后又发生了令人发指的事情。由于孤儿院遭到轰炸，院里没有可以饮用的水。我的两个弟弟妹妹负责去提水喝。在回院的路上，他们提着水桶一起坐在电影院附近的楼梯上休息了一会儿。我最小的弟弟库尔特突然看到一位女士在电影院来回走动，他对姐姐安妮说："这不是妈妈吗？"那位女士听到了这句话，就朝他们走了过去。再询问他们的名字后，她说："你们怎么不来找妈妈呀？我给你们都准备了食物和衣服。"

我正要下楼吃饭，在楼梯中间遇到了弟弟妹妹和这位女士。我没有仔细看她是谁，只听到安妮问我："你没看出是妈妈吗？"这下我抬起头，与她的蓝眼睛对视，妈妈有一双蓝色的眼睛，而我们其余的人都是棕色眼睛和黑色头发，这下我震惊了。我急匆匆地冲下楼梯，因为当时我非常害怕！我跑到一座被炸毁的神庙，躲在里面，待了很久。贝塔和格雷特也过来找我，和我一起躲着，原来他们也不想见她。

妈妈想要三个最小的孩子——库尔特、安妮和玛丽亚。大姐希尔达说："你不能带他们走。"之后大姐将此事报告给了孤儿院的院长。院长之后又向警察举报了母亲。不久后，妈妈被捕了。

针对妈妈的诉讼花了一些时间。在她被捕后不久，我们离开了孤儿院。希尔达得到了市政府的帮助，获得了一套小公寓，我们最小的几个孩子在那里住了一段时间。然后我们被安置在不同的寄养家庭中。接收我的是霍格一家。当时我才十一岁，需要照顾也需要有安全感。但是这个家庭之所以接受我，只是因为他们能从市政当局那里拿到津贴。他们不仅利用我骗取津贴，还把我看待为某种邪恶的事物。他们不允许我和他们一起吃饭，所以我只能在走廊里等他们吃完，饭桌上只有剩菜留给我，吃完饭我还要负责刷盘子。反正我只能遵照他们的吩咐行事。然而，这也是我所习惯的生活模式。

有一天，我心情很沮丧，所以我走进厨房打开了煤气。我想给自己的生活做个了结。但是后来我想起了兄弟姐妹们——想起我和他们在一起的时光是多么快乐，想起如果我这么做他们会多么伤心。于是我关掉了煤气，把厨房的窗户开得很大。差一点我就没命了。

针对母亲的诉讼震惊了奥地利。她可能没料到七个孩子中竟然会有人在特雷津幸存了下来。当我们突然出现在法庭时，我们就是检察官最有力的证据。在维也纳审判期间，事实证明，妈妈本人的确将她的三个大孩子举报给了纳粹政府。尽管她否认了这一点，但证据是确凿的。她还大言不惭地表示，当警察告诉她，她的丈夫死于奥斯维辛集中营时，她感到非常难过。但是和我们住在同一个院子里的一对已婚夫妇在法庭上说，有一天妈妈来找他们，并说现在她必须"和犹太人撇清关系"。另一位证人也提供了类似的说法，她表示母亲曾告诉她想与丈夫离婚，理由是他是犹太人。

在我们这群孩子中，只有欧文和希尔达参与了庭审。他们可以证明妈妈对爸爸和我们所做的一切。为了庇护我们，他们什么也没和我们透露。直到2004年，我才看到审判的记录。读完全文，我感到毛骨悚然。该案于1947年6月24日作出了判决。尽管妈妈声称自己是无辜的，但最后因侵犯儿童和丈夫的人权而被判有罪，并被判处五年徒刑。她还被指控故意将丈夫迈克尔·施瓦兹驱逐到奥斯维辛集中营罪。

五年后，母亲于1952年刑满释放。她要求因为丈夫死在奥斯维辛集中营而申请战争赔偿。该要求被法院驳回。在我妈妈被定罪后，我们和妈妈没有任何联系。她最后于 1972 年在维也纳去世，享年 83 岁。

当我在霍格一家住了一年半时，我们正要参加学校组织的旅行。在此之前我必须先让医生检查我的身体状况。霍格太太认为我应该去拜访她看病的医生，但是我想去以前为我治疗过的医生那儿。去那位医生的诊所要走很长的路，因为我没有钱坐电车，只能走路。这位医生叫奥托·沃尔肯。他本人是犹太人，曾经在奥斯维辛集中营待过，但他是其中一个幸存者。沃尔肯医生为人善良，他非常尊重我并乐于倾听我说的话。他发现我在营地里感染了结核病，并发现在我入住霍格一家后，健康情况并没有好转。然后他告诉我，我应该和我的一名兄弟姐妹一起去挪威旅行，在那里待上一个月，以改善饮食好让身体变得强壮起来。当时我只有 34 公斤。然后沃尔肯医生问："安妮和库尔特谁更瘦？""都很瘦。"我说。他说："好的，那么我们会努力把你们三个都派过去的。"

在 14 天内，我们做好了旅行的所有准备。我为能够摆脱单纯只是想利用我的家人而感到激动和高兴。我们被告知挪威那儿有很多河流，每户人家出门都要划船。还有人说那儿的人穿爱西装和木屐，此外还听说了很多传奇的故事。7月份我们的出国文件准备好了，1947年8月3日，我们乘船到达了奥斯陆。令我们惊讶的是，那儿到处都插着国旗。我原本以为他们是为了欢迎我们这么做的，但后来我们得知这是因为哈肯国王那天过生日！我们共有60名来自奥地利的孩子，一起去挪威度假。我要去的地方叫埃尔沃吕姆，我的两名弟弟妹妹则要去哈马尔。他们去了一个没有孩子的家庭，受到了热烈欢迎，后来那家庭收养了他们。我去的是诺德候姆一家，他们家在埃尔沃吕姆北部的约克斯纳有片农场。我永远不会忘记与欧琳和英格瓦·诺德候姆的会面。他们张开双臂欢迎我的到来，用温暖和爱接待我。作为礼物，我收到了一条粉红色的连衣裙，上面印有自行车图案的印花，另外还有一盒长子约翰在瑞典购买的巧克力。这份礼物我永远不会忘记。

欧琳和英格瓦知道我经历了很多痛苦，当记忆涌上心头时，他们会在那里安慰我。他们每个人都很友善，包括他们的孩子和来探望的邻居。有一次我跟着他们一起进了一家法式蛋糕店，那里竟然有酥饼卖！我以前从未吃过这个东西，味道相当鲜美。每次我们去埃尔沃吕姆镇上时，都会去法式蛋糕店里吃甜蛋糕。渐渐地，我开始建立起了安全感。幸运的是，后来我们三个兄弟姐妹不只是在挪威待一个月，而是获得了在挪威永远居住的机会。

我十三岁的时候，寄养父母搬到了拉尔维克，并在那儿租借了一个大农场。我们在那里总共待了四年。一开始我在罗德波尔学校上学，并在学校里度过了一段美好的时光，有幸结识了许多新朋友。我的坚信礼①也是在那举行的。在罗德波尔学校完成学业后，我们一家人搬回了埃尔沃吕姆，我本人则在家庭主妇学校继续上学。但最终我决定返回拉尔维克。我的三名继兄弟在拉尔维克附近的库林租了一个农场，专门种植蔬菜。我想着应该为寄养家

① 坚信礼，一种基督教仪式。根据基督教教义，孩子在一个月时受洗礼，十三岁时受坚信礼。孩子只有被施坚信礼后，才能成为教会正式教徒。——译者注

庭做些事情，便帮助他们料理房子里的其他事务。因此我在拉尔维克又待了三年。1954 年 11 月 26 日，我收到了挪威政府发来的公民身份信，这真是美好的一天。

同年，我结识了拉尔维克的亚斯比约恩·加布里埃尔森。有他的陪伴，我感到很安全，不久我们俩都意识到，我们之间的感情不只是单纯的友情。现在我们已经结婚 56 年了。1963 年，我们在桑德弗尤德的郊外盖了房屋，之后便一直住在那里。现在我们有两个孩子，三个孙子孙女/外孙外孙女和三个曾孙。他们使我心怀感激，感到由衷的高兴。

我们的兄弟姐妹之后分散在世界各地。安妮，库尔特和我留在挪威，贝塔定居在以色列。战争结束后，欧文移居澳大利亚，但希尔达选择留在维也纳。格蕾特也去了澳大利亚，并在那里工作了 13 年，之后便和丈夫定居美国。现今只有格蕾特，安妮和我还活着。

我一直喜欢工作。我在蔬菜相关的工作上做了十年。后来我去了烹饪学校和护理学校，之后我在桑德弗尤德的一所幼儿园工作了十二年。幼儿园结束后，我上了民办大学，再次开始校园生活，并在养老院找到了工作。这份工作我也特别喜欢，因为我喜欢有儿童和老人的工作环境。

2004年，我从德国（而非奥地利）获得了3.6万挪威克朗的赔偿。金额小到让我觉得荒谬。关于这份赔偿金，他们还要求我接受采访。我被说服了，在完成采访后，"积极和平旅行"的创始人赫尔嘉·阿恩岑联系了我。赫尔嘉问我是否愿意参加"积极和平旅行"组织的一次旅行，并担任时代见证者。

第一次旅行太可怕了。我们去的第一站是特雷津。旅游经理问我是否认得这个地方。"我想到了曾经在这儿的铁轨，"我刚说完，突然间，这些铁轨就出现在我的眼前。我接着说："我还想到了另外一样东西——小河。"其实这话我之前没提过，但不知怎么的小河也出现了。我开始颤抖。没错，那些东西都真实地出现在我们面前。我们本来应该通过地下通道去营地里参观一下，但我走不下去了。我总有种感觉，仿佛有人一直在诱骗我往前走。这种感觉非常恐怖。

之后旅行继续，我们出发前往奥斯维辛集中营。这趟旅程也是无比艰难。父亲当年被驱逐到这里。他在那里住了五个月，然后在一个毒气室被杀害了。顺便说一下，我是从奥斯维辛遇到的一位天主教神父那里得到的这一信息。他非常友善，并询问我是否要去档案里搜索爸爸的名字。我回答：想。他通过档案帮我找到父亲的一些踪迹，原来父亲曾在四个不同的营地被强迫劳动过。后来身体每况愈下，最后被送到了毒气室里。

作为奥斯维辛集中营的见证人，我参加了好几次旅行，也曾和年轻人一起去过。我给的忠告是，他们必须尽一切努力防止大屠杀再次发生。青年对世界至关重要，未来带领挪威前进的人便是他们。我告诉他们，现在他们所看见的就是犹太人大屠杀的现场。事后我发现，奥斯维辛集中营给他们留下了深刻的印象。我从听我讲故事的年轻人那儿得到了很多不错的反馈。有一次，我凑巧听到有人否认大屠杀的发生。我通常不会干扰其他人的谈话，但听到这话我立即走了过去，这一点我自己也没料想到。在向对方说明了自己的身份后，我告诉了他我都经历了些什么。听完我所说的，他便沉默了。

战后多年，我与德国人的关系一直很不自在。但一年夏天，我和家人正要开船出去玩，在我们的船旁停着一条来自德国的船。我本不想和船上的德国人交谈，所以故意躲在船舱里，而亚斯比约恩则坐在甲板上与他们交谈。当时他的德语不是很熟练，所以他叫我上甲板去帮忙翻译。虽然我不愿意露面，但我想了想，不如表现得大方一些。没料想这两位德国人竟然如此友善！那是一对年轻的已婚夫妇，有两个孩子。后来我们还邀请他们来家里做客，至今我们仍然是好朋友。他们住在不来梅，后来我们也登门拜访了他们，有幸结识了他们那儿的几个朋友。

铭记历史固然重要，但我不可能一直去回忆待在营地里的那段岁月。它目睹了那么多人遭到殴打和毒杀的场景，对我的伤害太沉重了。我们没法让他们复生，但是我们可以讲述自己的故事，讲述真实发生的事情，并向世人警告仇恨的伤害。大屠杀对我们的未来有着深远的影响。我们绝不应该对大屠杀中发生过的事情漠不关心，也不应该对当下正在发生的暴行无动于衷。

　　冷漠是邪恶的前奏。很快，所有幸免于纳粹暴行的人都会渐渐消失。未来或许会出现新的严峻形势，可能有更多人会否认大屠杀。年轻人，包括和我一起去奥斯维辛集中营的许多年轻人，必须站起来提出抗议。

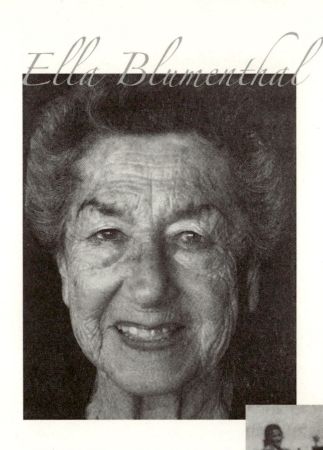

Ella Blumenthal

艾拉·布鲁蒙莎

1921 年 8 月 15 日生于华沙，1940 年 10 月被驱逐到华沙犹太区。1943 年被驱逐到迈丹尼克，之后被运送到奥斯维辛集中营，后被发配至贝尔根-贝尔森，该营地于 1945 年 4 月 15 日解放。现居开普敦。

解放后，尽管在华沙犹太区和三个死亡集中营中幸存下来，我仍尝试着过正常的生活。我在婚后抚养了四个孩子。即便如此，我却始终无法坦然面对曾经历的苦难以及为生存所做的斗争，只因我心中的伤口尚未愈合、仍在流血。

我出生在华沙，是七个孩子中最小的一个。爸爸是一位受人尊敬的纺织商人，店里生意兴隆。母亲和我的兄弟姐妹都在我们的家族企业工作。直到 1939 年 9 月 1 日德国入侵波兰之前，我一直是一名快乐的少女。

经过数周的空袭，华沙也沦陷了。社会弥漫着恐慌、骚乱和恐惧的气氛，尤其是对犹太人。那段时间里，每天都会颁布新的命令和声明，譬如没收犹太人的所有财产，冻结所有银行账户之类的。又或是禁止所有公众集会，关闭所有犹太学校和犹太教堂等等。食物也是定量配给。晚上还有宵禁。出门时，我们必须在衣服上佩戴白色的蓝星胸针。他们规定我们不可以听收音机。假如犹太男子出现在大街上，不仅会被逮捕，还会被送去从事强迫性劳动。

爸爸就是其中之一。由于犹太教堂关闭，举行日常祷告的地点改在私人家中。在一次祷告会后，他在回家路上遭到了袭击。当他出现在家门口时，我们差点认不出他的模样。爸爸的衣服上沾着泥，领口被人撕烂了，胡子也被割去了一半。他郑重地说，他意识到，现在我们已经落入了谋杀者的手中。一些没有参加强迫性劳动的人都遭到了枪杀。

大约在同一时间，我生病了，还发着高烧。根据规定，所有类型的传染病都必须报告给当局。但我们发现一个问题：被送去医院的病人从未活着回来。病人家属则被送到隔离区，本来没病，可去了那个地方，家属也跟着病了。病患所居住的房屋需要消毒，但那过后，贵重物品全都不翼而飞。

1940 年 10 月，我们被遣送进了犹太人区。大家设法用床单裹了一些必需品：衣服，床上用品和一些贵重物品。我们没有忘律法书①，这是父亲好不容易从犹太教堂中救出来的。其余财产都统统被波兰人捡了便宜。

贫民窟四周都是高墙，墙壁上拉着带刺的铁丝网，布满了碎玻璃。在德国警卫队的护送下，大城小镇的难民们纷纷涌入这里。犹太人区住得很挤，一个房间要容纳 10 至 15 人。里面的人大多营养不良，饥饿和疾病泛滥成灾。衣衫褴褛的孩子会上街乞讨，他们露出饥肠辘辘的表情说，"给我一些面包，或者十分钱也好。我几天没吃饭了。"

每天早晨，华沙犹太区的景象都是相似的——家属给夜间死在大街上的亲人盖上报纸，头下垫块砖头。这些人大多死于饥饿和伤寒。

要在犹太人区里存活下来几乎是不可能的，高价出售的走私食品非常普遍。只有买得起的人才能买到。一些走私者自己也通过在贫民窟大门贿赂警卫人员来获取食物。还有一些精壮苗条的男孩，他们的身板薄到可以挤进犹太人区墙壁上的裂缝，钻

---

① 律法书，犹太教、基督教《圣经》的一部分。——译者注

到住着基督教波兰人的那一边。他们用母亲的结婚戒指换取食物，或者干脆上街乞讨。但是常常在返程时被抓到。幸运的话，纳粹会晃一晃他们的身体，让夹克里藏着的东西掉出来，然后挨上一顿毒打。但大多数的结局是被枪杀，男孩的尸体或悬在墙上或躺在血泊中，随处可见。他们是犹太人区的第一批战士，我们会谨记他们的努力和汗水。

一些犹太人在犹太人区外的德国作坊里工作，他们会设法在回家的路上走私食品。波兰警察也会将食物偷运到犹太人区，然后以天价出售。我们中的一些人用家里仅有的积蓄，为挨饿的家人们购买食物。

抓捕犹太人的突袭行动和集会活动在犹太人区里继续盛行。街道成为无家可归之人的走廊，而我们却不能在街道上自由走动，要是出门就有被抓和驱逐出境的危险。针对犹太人的突袭行动甚至深入到每家每户。不管是年轻人、年幼孩子的母亲、小孩，还是老人，所有人都会被拽下楼梯带走。甚至整个家庭都会凭空消失。为了使抓捕犹太人变得更容易，德国人诱骗我们说，如果有人自愿工作，将获得一公斤以上的面粉。许多人签字报名，但是当这些人都没有返回时，我们才意识到背后的不幸，我们原以为的谣言，其实都是真的。

与此同时，地下组织印发了一些传单。这是其中之一张传单的内容：

> 市民们，犹太裔的同胞们，从冷漠中醒来，起来战斗吧。不要相信他们会把我们送到劳改营去。这只是一个恶毒的谎言。我们的兄弟姐妹在特雷津的死亡集中营被残酷地杀害了。弟兄们，准备拿起武器捍卫自己的时刻到了。那些无法战斗的人可以逃到地下，藏在地下室和掩体中。我们会将每栋建筑变成一个堡垒。现在的我们无权生活在地上，因为我们已经被判了死刑。

很难相信这种暴行会真实地发生，但我也是相信传单的人之一。我离开了做估价工作的地方：在那儿我们要收集并登记所有贵重物品，例如油画、挂毯、古董和其他被驱逐出境者必须留下来的物品。我们需要将这些物品装上开往德国的卡车。后来，我和一些朋友离开了估价商店，加入了地下党。我们从一个地下室搬到另一个地下室，以免被纳粹逮捕。因为我们把自己的定量配给卡丢了，当局也不知道我们的身份，所以我们一伙人就被称为"他们要的人"。

我们家曾经收到过一次命令，要求交出我们所有的银子，还必须把裘皮给他们，好送到东线的德军那儿去。由于不断遭到袭击，犹太人区的人口逐渐缩水。德国人逐渐缩小了犹太人居住的面积。我自己的家也一样，家里的人口越来越少。实质上，我几乎失去了所有的家庭成员，家里最后只剩下三个人：父亲，我最大的侄女罗姆，还有我。全家族其余的 22 个人全部被驱逐出境。我和一些年幼的朋友，还有父亲和侄女一起占领了米拉街 19 号大楼，那栋楼的主人也被驱逐出境了。米拉街 19 号大楼位于米拉街 18 号对面，后者是犹太人区抵抗运动的总部。

进楼后我们立即开始工作。我们将最后一个房间的门砌成墙壁，并在前面放了一个分量非常重的桃花心木衣柜，进行伪装。别人不可能发现公寓里还有这样一个房间。上楼梯后，我们发现楼上的公寓与我们楼下的公寓非常相似。我们找到了一个点，可以直达楼下被砌成墙的房间里。我们在镶木地板上看到一个正方形，砸穿天花板，然后顺着梯子可以走到楼下那间砌了墙的房间。最后一个下楼的人，需要在开口处拉过来一张小床，再盖上开口的盖子。我们每天坐在这间有围墙的房间里，直到晚上才出去。这种时候，德国人是不会进犹太人区的。当我们坐在房间里时，我们可以听到他们每天早晨在街上游行和大喊大叫的声音，以此来寻找犹太人的方位。有时还能听到楼梯上沉重的脚步声，有一回声音从隔壁房间传来。他们大叫着："那些该死的犹太人在哪里！"

一对带小孩的年轻夫妇和我们住在一起。为了掩住孩子的哭泣声，母亲不得不用枕头蒙住孩子的脸。

1943 年 4 月的一个晚上，复活节聚会开始了。我记得爸爸给了每人一块马萨面包，这是他从前一年省下来的。祷告后，他请求上帝拯救我们，就像他带领犹太人脱离埃及的奴隶制那样拯救我们。第二天是 4 月 19 日，当德国人在早晨执行常规行动时，反抗组织用莫洛托夫鸡尾酒、自制炸弹、手榴弹以及从房顶窗户等地的射击热烈欢迎了他们。华沙犹太区起义正在进行中。德军大吃一惊，只好撤退，伤亡的士兵就被留在原地。没错，德国人的鲜血在华沙犹太区的街道上流淌着。翌日早晨，德国人带着增援部队，开着一辆坦克回来了。但与它们对抗的，是一群不屈不挠的年轻人，战斗持续了很长时间。但不幸的是，最终弟兄们未能抵抗强大并装备精良的德国军队，叛乱被镇压了。

为了复仇，德军把犹太区里所有活着的犹太人都带走了。但此时我们正躲藏在地下室和掩体中。唯一能逼我们出来的方法就是用烟熏我们。因此，他们决定将犹太区烧毁，一栋一栋地烧。我们不得不离开砌了墙的房间，因为楼房着火了。我们想办法沿着起火的楼梯走下来，穿过燃烧的大门还有其他的建筑物，回到我们在米拉街 19 号的最后一个庭院里。只有这个庭院完好无损。

在这些发生之前，我们在这个特殊的庭院里准备了一个更安全的掩体。我们在地下一层挖好一个沙坑，往里面存放了一些水和食物，有干面包、意大利面条、蜡烛和马油。这些东西都是稀缺品，但却是我们的必需品，有了这些我们才能活下去。因为屋顶太低，我们只能坐着或躺着。到了晚上，我们才能爬出来呼吸新鲜空气，顺便活动活动腿部。

可是有一天晚上，掩体里热得难以忍受，简直令人窒息。我们这才意识到房子可能着火了，只好爬了出去。当我们从沙坑中钻出来时，尽管是夜晚，但在火光的照射下，看着就像是在白天。整个犹太人区都在熊熊燃烧。鲜红色的火焰向天空伸展。床上用品里的羽毛混杂着燃烧的气味，卡在我的鼻腔里。犹太人区烈火焚烧的画面，我一辈子也忘不了。

同胞们穿着着火的衣服到处乱跑，就连头发和皮肤也燃烧了起来。还有些人因为楼房着火，从躲藏处跳了下来，尸体散乱地悬在他们撞到的阳台边上。我看到一个女人一动不动地坐在楼梯上，怀里抱着一个婴儿。我摇了摇她，但另外一个人却把我拉开，对我说："你没发现她已经死了吗？"

告密者四处奔走，敦促我们从大火里出来。这些告密者中不乏犹太人，德国人向他们保证，如果发现藏匿的犹太人，他们就不会被驱逐出境。但实际上，他们最后遭遇了和我们完全相同的命运。告密者对我们说："没错，外面的街上是有德国人，但你不会被驱逐出境或枪杀。你会和你的家人一起被送到东部，然后到德国人的车间里工作。"很多人听信了这些谎话，选择走出去，以免被大火活活烧死。但刚走上街头，他们就被立即围了起来，之后便被驱逐出境了。

但我们这个小组织，却选择躲在掩体里，继续反抗。即使在这种绝望的局势中，在我们被困住无处可去的时候，我们仍然做着反抗、拒绝投降。还记得那对带着孩子和我们一起躲藏在掩体里的年轻夫妻吗？我们称呼孩子的父亲为穆沙·贝克。在战争爆发前，他在米拉街 19 号的院子里经营着一家面包店。他指了指过去他用来储存面粉的地下室，让大伙儿去那里躲藏。我们站在地下室里，紧紧地挤在一起，无法动弹。每天晚上，我们习惯性地从地下室里爬出来，呼吸新鲜空气并活动腿部。有一天早上，我们突然听到头顶上方传来沉重的脚步声，有人用步枪砸着入口处的盖子。"滚出来，死出来，该死的犹太人！如果你们不出来，我们就洒汽油了!"

我们意识到,肯定有人出卖了我们,除了爬出去,我们别无选择。因为连续几周待在地下,刚到室外时,刺眼的阳光照得我们什么都看不见,真的好久没见到太阳了。德军勒令我们将手举过头顶站立。我向上帝祈祷,希望能让我死在父亲和罗姆前面,父亲就站在我身旁,罗姆则挨着父亲。但他们当时只是检查我们身上是否携带武器,可能是因为他们以为我们这批人是武装分子。在命令我们将所有贵重物品放入院子中间的麻袋后,他们将我们赶到街上。大火后,犹太区的楼房残骸仍冒着火烧的气味。

英勇起义已经过去了三个星期,我认为我们是最后的幸存者,在华沙犹太人聚居区被熊熊火焰燃烧时,我们躲在了掩体里。被抓捕后,军队将我们送去了转运点,我听说从这个地方送走的人再也不会回来了。转运点是好多铁路的聚集地。走的时候,车厢里装满了人,回来时却空空如也,继续搭载下一波人。由于火车还没有到,我们不得不先到空荡荡的大厅里坐地上等。天黑时,身穿黑色制服的乌克兰和拉脱维亚警卫突然涌过来，把年轻女孩拖了出去。爸爸设法用他的长外套遮住了我和罗姆。

我记得第二天早上他们命令我们站到铁路的站台上，当时爸爸给排在他前面的一位老人塞了颗糖。刚走上站台，他们便将那位老人拉到一旁，直接在我们面前对他开了枪。他年纪太大，无法走完这最后的旅程。之后他们便催促我们快点上车。"快点！快点！"他们用鞭子和步枪殴打那些跑得不够快的人。大家挤在车厢里，贴得非常近，以至于只有拧上螺栓才能关上厚重的车门。当牛车终于启动时，车厢里热得让人难以忍受，整辆车既没有水，也没有排便的地方，只有四处弥漫着的恶臭。一部分人昏倒在车厢里，还有一部分则直接告别了这个世界。

不知是运气，还是巧合，我们并没有被驱赶到特雷津灭绝营。牛车将我们带到一个叫迈丹尼克的地狱深渊。

牛车终于停了下来，门刚一开就有好多尸体滚了出来。罗姆和我下车后，已经没力气再去找父亲了，只好先将他留在车厢里。我们在牛车外面发现了一个坏了的水龙头，里面还有几滴水，所有人都想喝上一口。这时候我看到一个穿着白色长内裤的男人朝我们走来，过了一会儿我才意识到这是我爸爸。直到战争结束后，我才知道这是怎么一回事。德国人命令原来在犹太区和我们住一起的两个男孩清洗牛车，他们一认出爸爸就把他往外拉。爸爸好不容易能出来呼吸一口新鲜的空气，但可惜他之后没多久就……

德国人命令我们并排站立，一排五个，他们则牵着狗跟在队伍的两侧。我不知道当时发生了什么，只是在走的时候，我跌跌撞撞地摔倒了。当我从地上爬起来，试图跟上队伍的步伐时，有条狗在后面咬我。我本以为他们会开枪杀了我，但德国人却觉得这画面很有趣，笑了好久才把狗拉开。

到达迈丹尼克营地后，我发现营地被带刺的铁丝网围了起来，身边始终有守卫看着，他们拿步枪对准我们。年长或年幼，以及带着婴儿的女性都立即被分出了队伍，送往毒气室。接下来轮到年长的男性。爸爸也在其中。当他最后一次转身看向我和罗姆时，他的头部被人打了一下，身体躬了起来。那是我最后一次见到父亲。从那之后，我就再也、再也没有见到过父亲了。

所有年轻的女孩都得经过"挑选"的过程。我担心地对罗姆小声说，我原来被狗咬过，留下了伤痕，后来爬山被砾石刮伤过膝盖，恐怕过不了这一关。但罗姆向我保证，无论我被送往哪里，她都会跟我在一起。

德国人用鞭子来决定人的生死。往右边甩是生，往左边甩是死。轮到我时，我铆足全身的力气抬起肩膀，昂着头。命运将我送往了右边，我活了下来。罗姆也是一样。

洗完澡后，我们拿到了衣服，接着被赶到一间空无一人的营房里。那里连一根稻草也没有，我们只好睡在光秃秃的地板上。他们每天会叫我们去吃饭，早晚各一次。稀薄的汤汁里混合着不明液体，叶子腐烂到根本无法食用。至于黑面包，咬着像黏土一样黏滑，替代咖啡则浓得难以下咽。许多女孩都吃不下饭。一些人的身体开始肿胀，另一些人则得了伤寒。所有这些人后来都被送到了毒气室。

我曾在各种指挥小组工作过，修过路、下过田。粪车就是其中一个工作小组。它的工作内容是推动一辆装满粪便的木制手推车，先让两个女孩固定在马车前而非马背上，其余的人从后面往前推。下过雨的话，车轮会陷在泥里，大家拼命使力，好不容易才让车轮动起来。一到田里，我们就打开马车后面的软木塞，几乎所有人都会被一车的排泄物弄脏。

　　有天我下班后，所有人都聚集在开阔的地面上。我们必须亲眼目睹一位朋友被送上绞刑架。当党卫军女兵将箱子从她脚下踢开时，她的身体突然变成软软的一团，就这么挂在架子上。司令官穿着锃亮的靴子，戴着白手套，手握鞭子对我们宣称"任何试图逃跑的人都是这种下场。为了使你们记住，你们在这里一直给我站到明天叫你们吃饭为止。"于是我们只好整夜都站在那儿。大家依偎着彼此取暖，在听罗姆谈论安息日餐的时候，我看着那具小小的尸体在风中摇曳。她描述得很生动，我甚至可以感觉到食物的口感和各色菜肴的香味。

　　有一天，我和罗姆以及其他一些女孩被送往迈丹尼克的男子集中营。我们被安置在一个空旷的营房里。当那儿的男囚犯听说营里有女人时，他们立马冲过来问："你见过我的妻子玛丽吗？她有一头长长的金发。还有我的女儿，斯蒂芬妮，她有着一双大大的蓝眼睛，见过没？"但没说完就被警卫赶走了。最后一个出去的人告诉我们，这地方离毒气室很近。我们开始思考他们把我们带到这里的原因，原来纳粹是想把我们毒死。半夜里，德国人用皮带牵着狂吠不止的狗，把我们赶了出去。

他们把我们带到一种类似桑拿的房间，那儿实际上就是毒气室。当沉重的铁门在背后关上时，我们站在原地紧紧抱在一起，眼泪忍不住掉了下来，大伙儿高声呼救，并念道"听听我们说的，主"。但我们心里其实很清楚，毒气随时会进入房间。我握着罗姆的手，低声说："别害怕，不痛的。我想，整个过程不会很久。我们很快就会和挚爱亲朋见面了。"这时，另一个奇迹发生了。门突然开了。一名党卫军走进来，对我们嚎叫："安静！你们不会被毒死的。"

原来上级命令他们毒死 500 名犹太妇女，可我们这批一共有 700 号人。有人告诉我们，明天早晨会有新的车到迈丹尼克，那批正好是 500 名无误。黎明时分，我们被从毒气室里赶了出去，迎面走来一群刚下牛车的妇女，她们被直接送进我们刚离开的毒气室。我想，那条命令肯定生效了。仿佛是命运的讽刺，由于德国人的严谨和偏执，我们躲过了死劫。

后来，我们乘上牛车被送至奥斯维辛集中营。几年前我才知道原来奥斯维辛集中营并不愿意接收我们。因为我们有好多病号，甚至还有许多死在途中的人，奥斯维辛的人想把我们送回迈丹尼克。但这个决定却被上面驳回，于是我们便在奥斯维辛待了下来。抵达时，那儿有一支由囚犯组成的乐队在旁演奏。乐团前面站着所有营地的指挥官。约瑟夫·曼格勒医生就是其中一位，他被称为死亡天使。所有人的手臂上都要纹上一串数字。我的号码是 48632。数字下面有一个三角形，这是犹太人的象征符号。接着，她们会把我们身上所有的毛发都剃得干干净净。罗姆站在我身旁，但我却一点都认不出她来，我不禁喊出了声。洗完澡后，我们换了身衣服，但衣物上全都染过虱子。他们把我们送到营地的另一块地方，十个人一起窝在只有一条毯子的石床上睡觉。到了晚上，老鼠会从砖头的缝隙里溜出来，爬到我们的身体上。对此，我们早已习以为常，它们只不过在寻找食物罢了。有时候，我为罗姆会把小片面包藏在脑袋下面，但会被老鼠吃了。

不论日晒雨淋还是冰天雪地，我们都得工作。党卫军女兵一遍一遍清点我们的人数：有多少人病了，多少人死了，多少人可以工作。我被分配到修路工作组，推死沉的货车，搬死沉的石头，扛死沉的沙袋水泥袋。当我现在回想起这些时，难以置信我当时怎么能完成那么繁重的工作。但我知道我想生存，所以我不得不继续往前走。下雨后，我的木屐卡在泥巴里，冬天的时候，鞋底积着厚厚的雪，感觉就像踩着高跷。

罗姆得了伤寒，被送往医院。第三天后，她受一位女医生——也是一名囚犯的提醒，让她赶紧离开医院，因为曼格勒医生要来了，每次来他都会让所有患者进入毒气室。罗姆的身子依旧很虚弱，几乎无法行走，但她还是从医院里爬了出来，因此得以幸存。当我患上伤寒时，也很害怕会被送往医院，害怕万一曼格勒去医院，我周围没人能提醒我。所以既然不能工作，我就躲在营房和厕所的后面。当病情好转、热度退下时，我就继续参加工作。后来我又得了肠胃炎，可工作的地方离厕所很遥远。那些未能及时到达厕所的不幸之人将受到严惩。我们的厕所由一条长长的石坡组成，两侧都有黑色的粪坑。冬天，水龙头里的水结成了冰，我趁机在雪地里给自己洗了个澡。

有一天，罗姆恳求我和她一起去电栅栏那儿。"让我们在这里结束以泪洗面的生活。无论如何，要在奥斯维辛集中营活下来的唯一方法就是自我了结。来，让我们和亲人团聚。"虽然生活没有指望，但生存的意志唤醒了我。我还没做好死的准备。我说服她，只有忍下去，将来才能告诉全世界这些杀人犯令人发指的行径。夜晚，来自欧洲各个国家的人被陆续运输到这里，可以隐约听到说外语的声音。而到了早晨，营地又恢复安静。只是烟囱里源源不断地冒着烟，整个营地弥漫着人肉和脂肪被焚烧的气味。

我在营地时结识了一个比利时的女孩，名叫玛拉。她原本是一名翻译，为人亲和友善，受到所有人的喜爱。她计划与一名波兰男子一起逃跑，并设法拿到了德国士兵的制服。不幸的是，两人最终被带回营地实施了绞刑。在她割腕自尽前，她告诉指挥官，战争快要结束了，他们很快就要为自己的杀戮付出代价。

1944 年春天，从匈牙利运来的囚犯开始到达奥斯维辛集中营，那年我被选为营房管理员，因为我是在营地中存活时间最长的囚犯之一。这项工作很轻松，但是我拒绝了，如果成了管理员，我就要用鞭子和拳头去对付同胞，并且要向德国人报告所有患病的囚犯。所谓报告就是把人送进毒气室。我不想让我的手上沾血，不愿沦为德国人的工具，更不愿与他们为伍。

有一天，他们在半夜里将我们赶出营房。我们很怕会被带到毒气室，但事实证明他们真的只是让我们去洗澡，并给我们驱虫。我们为此感到欣喜若狂，大伙儿窸窸窣窣激动不已。不幸的是，有五名女孩因为吵吵嚷嚷而受到剃光头发的惩罚，我也在其中。虽然后来头发会慢慢长回来些，模样会有所好转，但可以肯定的是，由于身形瘦削，我们这些没头发的人会被送往毒气室。

当时给我剪头发的护士实际上是一名犹太人，但她在奥斯维辛集中营的身份却是一名非犹太裔的波兰囚犯。我之所以认识她，是因为我和她妹妹在战前是朋友。然而，这个秘密我从未在奥斯维辛集中营透露过。当她准备给我剪头发时，我和她进行了眼神交流。我一言不发地凝视着她，让她领会我认得她的意思，并发出求助的信号。仁慈的是，她把我推到了后排，没有给我剃光头。就这样，她救下了我的命。

在去劳动的路上，我们会碰到男囚犯。穆沙·贝克，那个在华沙犹太人区带着妻儿和我们同住在一个地下掩体的人，朝我扔了一张纸条。他向我们打听他家人的情况。接下来的几天，当他经过我们身边时，又向我们扔来一支烟，到最后直接扔了一整包。有了这包烟，我们突然变得"富有"起来，因为香烟可以用来交换面包、大蒜或土豆。

1944 年 11 月，我被继续发配到下一站。我们乘着牛车，花了两天三夜到达贝尔根-贝尔森。那儿根本不需要毒气室或火葬场，因为那儿的人就像苍蝇一样，不用吹灰之力就会倒下。饥饿和疾病，例如伤寒、结核病和疥疮等都是死亡的罪魁祸首。尸体堆在营房外面，甚至里面。在华沙犹太区、迈丹尼克和奥斯维辛幸存后，我不得不发动全身的力量，以免沦为堆放在贝尔根-贝尔森采石场顶部的一具尸体。生存的意志再一次觉醒，我知道我必须克服困难生存下来。事实也的确如此，1945 年 4 月 15 日，我们被英军解放了。

我无法用言语表达重获自由的感觉。但最要紧要的是我们活下来了，可以重新开始正常人的生活。

1945 年 8 月，我与一名保护我免受苏联士兵侵犯的老妇人从贝尔根-贝尔森出发，前往华沙，身上既没钱也没护照。我的身份仅仅是手臂上的纹身，还有在汉诺威收到的指纹纸。虽然我知道特雷津集中营的人全都死了，但我还是抱着寻找家人的信念回到了华沙。

尽管情况不乐观，我仍然满怀希望。我得知哥哥和他的妻女当初逃离了华沙犹太区，住在卢布林附近的村庄里。我本满心期盼着卢布林地区的农民能把我的小侄女解救出来。所以一到华沙，我就打算前往这个村庄。在月台等车时，一些犹太人警告我不要再往前去了，因为那儿曾发生过犹太人大屠杀，加害者正是波兰人。闻此噩耗，我只好回到华沙。后来我得到消息，哥哥、嫂嫂和他们的女儿，都在那场森林大屠杀中被枪杀了。华沙有个战后办公室，幸存者可以去那留下姓名和联系地址。我把贝尔根-贝尔森列为我的地址。既然在华沙找不到任何人，我便回到了贝尔根-贝尔森。

在一些英国士兵的帮助下，我们设法与罗姆的父亲（我的姐夫）取得了联系。他离开了华沙犹太人区，一路穿越各个国家，最后来到特拉维夫。他设法为仍在华沙犹太区的妻子和四个孩子申请签证。可当签证送到犹太区时，只剩罗姆还活着。她的母亲和三个孩子都已被驱逐出境。当听说罗姆和我在贝尔根-贝尔森幸存下来后，他动用人脉将我们送到了巴黎，并派人妥善照顾我们。过了一段时间，罗姆离开巴黎前往特拉维夫与父亲团聚。差不多两年后，我也搬到了特拉维夫。

在到达特拉维夫的六个月后，我遇到了我未来的丈夫，一位正在特拉维夫旅行的南非人。在见面的第十三天，我们便结婚了。通过婚姻，我成为了一位南非人，此后便和我亲爱的家人在约翰内斯堡和布拉潘过着幸福的生活。

作为大屠杀最后幸存的目击者之一，我想回顾在华沙犹太区和三个死亡集中营中的恐怖经历。在那里，疾病、营养不良和意外谋杀是生活的常态。纳粹想通过断食和强迫劳动来逼死我们，把我们当做奴隶工使唤。那些场景将永远烙印在我的记忆中，永远都无法抹去。

直至现在我仍然会拷问自己：为什么选择生存？在我的至亲中，有二十三人死于大屠杀，包括我的父母、手足、他们的配偶和八个孩子，以及一个在华沙犹太区掩体里出生的婴儿。关于这个问题，我永远也找不到答案。

作为幸存者，我们选择用宽容的心面对过去，选择用传播知识的方式来增进彼此的了解，希望能借此降低再次发生此类暴行的风险。

Maria Segal

玛丽亚·西嘉尔

生于 1935 年 6 月 15 日。1940 年被驱逐到华沙犹太区。1943 年从犹太区逃脱，藏身于波兰的多个地方，直到 1945 年被苏联人解放。现居加利福尼亚州圣巴巴拉。

我出生在波兰的犹太家庭中，家里有七个孩子，五个女孩和两个男孩，我是排位倒数第二的那个。我和我的家人住在距华沙仅 2 英里的欧库纽村庄。

欧库纽与许多其他欧洲小镇很相似。它围着一个小广场而建，广场向不同方向的街道延伸。天主教堂矗立在广场的一侧，非常显眼。犹太人的祷告堂和犹太教堂，则安在城市的另一边。我记得，每个星期天都会看到基督徒穿着他们最好看的衣服去做礼拜。

我们犹太人会在星期六庆祝我们的安息日。我记得男性会着深色服饰，有些人会戴黑帽子遮住头。他们都留着胡须和络腮胡。年龄较大或比较正统的女性则会剃光头，戴着像沙特尔犬一样的假发。母亲因为太现代化了，不愿剃光头。她有一头乌黑秀丽的卷发，这一点我和其中一个姐姐同她一样。我们的犹太教堂是东正教教堂，做祈祷时，男女必须分开坐。

我的父亲名叫列波·波洛诺维奇，他的家族来自欧库纽。母亲来自华沙，因此有些不适应欧库纽的生活。父亲是一个敬畏上帝的人——在我记忆中，他似乎从未缺席过星期六的祷告。母亲不是在东正教的家庭中长大的，自然不像他那样虔诚。但尽管如此，她仍然遵守安息日和其他假期的宗教规定。

在严格的东正教家庭中，星期六是不允许生火煮饭的。因此，所有餐点必须在星期五的日落前准备好。母亲过去常常在星期五上午和下午做饭和烤面包。由于我们没有自己的烤箱，因此所有东西必须去乡村的面包房进行烤制。我会帮妈妈将蛋糕和馅饼搬到犹太面包师那里，然后把所有东西都放入大烤箱烤熟。

安息日的正餐要在一个大餐厅里进行，餐桌用传统的白色锦缎桌布装饰。开饭前总是要先食用传统的安息日面包。爸爸先对这种特殊的面包说几句祷告词，随后把它切成小块，分发给餐桌上的每位家庭成员。

小时候，我很高兴能成为这个大家庭的一分子。我很小就开始上学。我成长过程中的第一种语言是意第绪语。但开始上学后，我不得不使用波兰语。好在我很快就学会了。至今我还记得老师第一次家访的情形。老师告诉母亲，我有着犹太人的头脑。欧库纽是人人都彼此认识的村庄——尤其是犹太居民，大家都会去同一个犹太教堂。我的爸爸是个皮鞋匠，哥哥弟弟们和他一起工作。制鞋的手艺已代代相传。他的店面在房子的前面，面朝广场。

我们一家住在店面的后面。所有东西都存放在一层楼。喝水的话我们就去村里的水泵那儿接水。我们在花园里种了一些树。那会儿，我常常爬到樱桃树树顶上，我可喜欢吃樱桃了。母亲看到会大吃一惊，然后高喊着让我下来。儿时的我精力充沛，自由自在。当时的我像是一只无忧无虑的小鸟，在户外快乐飞翔。

1939年，德国入侵波兰，当时的我只有5岁。德国人控制了这个国家，关于未来有很多不确定性，谣言满天飞。每个人都担心食物短缺。幸好我们生活在一个农业社会里，土豆、面包、牛奶和肉类等产品的运输应该可以指望得上，又由于父亲是鞋匠，他也可以靠修鞋子来换取食物。

侵略后不久，德国人便开始对犹太人施加限制。首先，我不能继续上公立学校了。紧接着，为了突出身份，我们不得不佩戴一枚黄色大卫之星的胸针。必须佩戴胸针才可以出门。由于德国人不允许犹太儿童上学，我们只好在宗教学校的欢庆室里秘密学习。我印象中，曾经在老师家中见到了欧库纽的拉比。当他选择继续通过教学来传播犹太教教义时，这位敬业的老师实际上是冒着生命的危险。

德国人一来到欧库纽，就带走了我父亲的弟弟，我们的默伊什叔叔。这让我的祖父担惊受怕，最后突发心脏病离世。祖父是照顾犹太教堂的司事。去世后，他被埋葬在天主教堂旁边的本地犹太公墓中。我非常敬爱我的祖父，他的去世令我沮丧不已。祖父和祖母住在离我们仅几户之遥的地方，过去我常常拜访他们。默伊什叔叔及其家属本来也住在附近。但后来全部被抓进了华沙的犹太区。在那之后，我再也没见过他们了，至于他们在犹太区的命运，生死未卜，或许在途中就已经遇难了。

当时，社会上弥漫着一种恐怖而神秘的气氛。德国士兵身着绿色制服，头戴军盔，肩上挂着步枪四处游走。他们牵的狗面目狰狞，而且从不微笑，一副冲冠眦裂、难以接近的样子。

一天晚上，市中心闹哄哄的。爸妈在和邻居聊天，他们看上去忧心忡忡。我们孩子自然很好奇，想问问题，但又有些犹豫和害怕，紧张的气氛裹挟着我们。终于，一天晚上，父母把所有的孩子们聚集在炉子周围，告诉了我们社会动荡的一系列原因。原来，有传言说德国人正计划将这座城市里所有的犹太人收拢在一起，将他们打包驱逐至华沙的犹太人区。我记得当时有人说："这项计划可能很快就会实施，早的话也许明天就会执行。"

为此，父亲母亲非常不安，他们担心我们会彼此分离，便着手准备起来。他们吩咐哥哥姐姐照顾我和妹妹。妈妈和姐姐给我们缝了一点小袋子，用来装一些随身携带的物品。她们用针线给袋子缝了挂绳，这样就能把布袋挂在脖子上。每个布袋中装有一些贵重物品和食物。

父母关照我们尽量一起行动。他们说，如果我们被带到华沙犹太人区，那我们就去舅舅家。妈妈有两个兄弟住在华沙，她确定我们可以去他们那儿借住一阵子。就这样，所有人都度过了一个不眠之夜。第二天一大清早，我们在睡梦中就被德国人的高音喇叭吵醒了，他们命令所有犹太人离开自己的家，在城市广场等候。那场面让人触目惊心——不论男女老幼，都背着家当，遵循德国人的命令，紧挨着彼此站在一起。

从那以后，我们的生活状况急转直下。士兵牵着喘着粗气的牧羊犬，将受惊的村民分成几组。第一件令我伤心难受的事是与父母分离。爸爸必须和其他男性走在一侧，哥哥默什也是如此。母亲则被迫坐在另一辆车上——她们的车厢是木制的，前面有马拉着。我和姐姐桑杜尔卡坐在同一个车厢里。我们不知道其他家人在哪里。我只是害怕，姐姐则坐立不安，满脸焦虑。

去华沙的旅程花了整整一天的时间。当我们最终到达华沙犹太区时，德国人立即命令我们脱下衣服。他们将我们赶进公共澡堂里——不论男女老少。我吓坏了，因为我不明白发生了什么。但幸运的是，在洗澡时，我们全家人又聚在了一起。我很高兴再次与妈妈、爸爸和兄弟姐妹相遇。

在犹太人区的日子里，我们是最幸运的家庭之一，因为我们立即前往了诺沃利普基街，伊扎克叔叔和两个成年的孩子在那儿有间小公寓。叔叔给了我们一个小房间，我们九个人都住在里面。房间只有一张床。父母睡在床上，我们其他人则打地铺。

当时规定犹太人不得离开贫民窟。处处隔墙有耳，波兰境内的盖世太保好像无处不在，就连犹太人内部也有民兵严密监视。不过，非犹太居民是允许进入犹太人区做买卖的。许多居民利用这种条件，用毛皮或珠宝来换取食物——在没有现金的情况下，犹太人会用这些东西付钱。事实上他们可以为换取面包付出任何东西。当时生存是唯一的目标，这是最要紧的。

我的家人也不得不寻求生计。至于亲戚他们，必须先努力喂饱自己，没办法养活我们九个人。食物很难弄，工作也很难找。几乎所有家庭成员都必须出去找工作才能有钱买食物。爸爸和他的两个哥哥很幸运，在鞋匠那儿找到了工作。我记不清他们赚了多少钱，但肯定不多。我的三个姐姐在一家服装公司工作。连我这个只有 6 岁的孩子，也要为一位女士纺纱，为了让她在检查工作时满意，我要把双手伸直了干活。

有时我和母亲还有妹妹会一起去市场。那是一个户外集市，妈妈抱怨吃的东西贵，就连土豆都变得昂贵。她竭尽所能，用我们仅有的资源为家庭提供食物。在大多数的情况下，我们只能喝汤。面包才是真正的奢侈品，每个人都在厨房里排队等一片面包。妈妈只好给食物做了定量配给，因为每个人都吃不饱。由于胡萝卜相对便宜，家里买的胡萝卜比其他任何东西都多，我们好像兔子一样拼命咀嚼胡萝卜。直到今天，我都受不了胡萝卜！它们唤起了我在华沙犹太人区里总是饿肚子的回忆。

尽管我们整个九口之家住在一个房间里，但我们无依无靠、只好居住在犹太人区的其他人幸福多了。至少我们抬头有屋顶，低头有食物。许多人饥肠辘辘、居无定所。他们流连在大街上，甚至需要去垃圾桶里搜寻食物。街上的行人有些非常瘦弱，像穿着破布的骷髅。看到这些人都几乎无法行走或直接在街道边倒下的样子，我感到很震惊。即使我还是个孩子，但我也能想到生命的价值，能切身感受到人是多么脆弱和无助。

这些人不仅被活活饿死，甚至都没有得到体面的下葬。当尸体腐烂时，就用旧的报纸把它们盖起来。过一会儿，再被堆到独轮车上推走，可能运到最近的垃圾场。没有人在乎别人发生了什么，因为我们都太忙了，根本自顾不暇。

由于尸体躺在街道上，时不时飘来刺鼻的气味。犹太人区疾病盛行，斑疹伤寒肆虐的程度甚至构成了流行病。医疗救助几乎不存在，而且就算有，我们无论如何都无法负担医生的费用。所以我们只能寄希望于不要生病。

后来，到1941年时，我们开始注意到犹太人区在逐渐缩小——原来，德国人决定收编犹太人区，并逐渐拆除更多的街道。我们还发现，他们开始驱逐犹太人——因为每天都有犹太人从犹太人区中消失。通常，德国人不愿告诉犹太人他们将被运送到哪里——如果他们必须回答，通常的解释是说劳改营。直到后来，我们才发现德国人每天聚集了数百名男女老少，将他们装上火车，并把他们带到波兰境内的集中营：奥斯维辛集中营、特雷津集中营、迈丹尼克集中营以及其他地方的集中营。

当发现这些被驱逐出境后的人无一返还时，我们才发觉有些不对劲了。最后，犹太人区里仅剩的犹太人聚集在一起，并开始了抵抗运动。尽管他们没有现代化的武器，但他们会用其他方式武装自己。1943 年 4 月，这群犹太人在默德盖·阿尼埃勒维兹的领导下反抗德国人。战斗持续了 28 天——直到犹太人被全部击败才停止。

其实我不确定到底怎么描述比较贴切——直到战斗痛苦地结束，并且清算完剩余的犹太人后，我仍留在犹太人区里，不知道这算是幸运还是不幸运。来自欧库纽的一名非犹太妇女，斯塔西亚，大约每周进入犹太人区一次。斯塔西亚是个女商人，她知道犹太人区里的犹太人迫切需要食物，于是她带了好多食物来，用来交换金钱或贵重物品。

有一次斯塔西亚来犹太人区时，她母亲问我是否可以带她回欧库纽去看看她的牛。凭借这种方式，我可以帮助我的家人，因此我决定和斯塔西亚一起离开犹太人区。在被驱逐之前，父亲还有一些顾客欠着他修鞋子或是做鞋子的钱。当我与斯塔西亚回到欧库纽时，我借机去了附近的村庄，把欠款都收了回来。这就是我为家人筹措食物和金钱的方式。我总共收了两次债。拿到欠款后，我带着面包、土豆、还有一些鸡肉回到了贫民窟，家里的每个成员都很高兴，因为终于有好东西可以吃了。

在我第三次离开犹太人区时，我却无法再回去了。隔离墙已经造得非常高，警卫不让我们进去。我和斯塔西亚曾试图去另外的地方偷偷溜进边界，希望碰见一个不严格的警卫。但是不走运，我们四处碰壁，不得不回到欧库纽。

这之后我便再也没有见到我的家人。我很伤心，除了我一个人外，家里没有人成功逃离犹太人区。当年我只有七岁。

我永远不会忘记我第一次与斯塔西亚出行那天，妈妈的表情。她和姐姐站在厨房的窗户旁，向外张望着。几分钟后，她对我说："走！你是家庭中唯一有生存机会的人，因为我们所有人迟早都会被杀。"这让我感到困扰，因为我不想成为唯一一个幸存的人。当时我只一心希望自己能在犹太人区和欧库纽之间来回穿梭，以便给家里添置一些粮食。与家人失去联系后，我不禁想到了母亲对我说的最后一句话。

到欧库纽后，我搬到了斯塔西亚和她丈夫雅内克的家住。那段日子过得很艰难。我常做梦，梦见家人，尤其是母亲。一天下午，我坐在门外，回想着过去发生的事情，有些困意，便迷迷糊糊睡着了。当我醒来时，我心惊胆颤。我梦见自己见到了母亲，但当我和她说话时，她却没有回答。整个人看上去像块大理石，我无法说出我对她的思念以及她在我生命中的重要性。从内心上，我很难接受与家人分离的事实，对于再也见不到他们的可能性，有本能的排斥。

在我离开华沙犹太人区后不久，一天夜晚我坐在门外看日落。我从地平线上看到犹太人区燃烧的红色火焰，原来是房屋着火了，对着这团火我只觉无助和悲伤。我的家人可能遇上了麻烦，但我却无能为力。从欧库纽，我目睹了整片犹太人区被大火包围起来的情景。

斯塔西亚和雅内克很爱喝酒，尤其喜欢喝烈酒，例如用土豆自制的伏特加酒。每次他们一喝多，就会吵架。有时候，他们会对着彼此大声尖叫，我被吓得不轻，只能冲到马路对面他们的父母波兰斯基的家里。像欧库纽的大多数居民一样，他们的职业是农民。有一天，当我又去他们的房子里寻求庇护时，他们问我是否愿意留下。我很高兴能有机会摆脱斯塔西亚家又吵又脏的居住环境。

随着时间的流逝，我渐渐适应了波兰斯基家。但是我从未停止过想念我的父母以及我的兄弟姐妹。有天，夜幕低垂，有人敲门。令人惊喜的是，来访者是图巴和她的男朋友。图巴是我战前就认识的朋友。她和家人在欧库纽经营一家杂货店。像村里其他的犹太人一样，图巴和她的家人被驱逐到了华沙犹太人区。1943 年 4 月，犹太区着火时，图巴和她的闺蜜成功逃了出来，摆脱了被德国人驱逐至集中营的命运。随后两人都回到了欧库纽。

图巴告诉我一个消息，在离开犹太人区之前，她看到德国人将我的家人带出了公寓，最有可能是送去了迈丹尼克集中营。当时有传言说犹太人会被驱逐出境。图巴逗留了一小会儿。我们互相拥抱后，她就离开了，因为她担心村里的人会认出她。在她离开之前，图巴给了一张我兄弟姐妹的照片，直到今天我仍然珍藏着这张照片，保留在我手中的家人照片已经屈指可数了。

两天后，有人告诉我德国人找到了图巴和她的男朋友，并将他们带到当地的墓地后枪杀了。这太不幸了，只因为他们是犹太人，他们就得死，要被灭口。我很担心自己是否会成为下一个受害者。即使村庄中的大多数波兰人都知道我在哪里，也都没有伤害我，但我仍然很害怕。

在图巴和她男友去世几天后，有天我正坐在厨房里，听见有人敲门。波兰斯基太太打开门，问是谁。当对方回答"警察和盖世太保"时，波兰斯基先生将我从后窗推到玉米田里，然后他告诉我，屋子里我不能再待了。警察离开后，波兰斯基夫妇去田里找我，给我带了一些粮食和一条毯子。我们一致认为，留在家中已经不再是安全的选择。德国人显然是决心要抓获这座城市中所有剩余的犹太人，而我就在他们的名单上。

之后几天我就在玉米田里混了过去。我从那里走到了附近的森林，一直东躲西藏。波兰斯基先生非常善良。他会带上食物来森林里找我、看望我。到了晚上，他会来关心我，了解我的感受。在田野和森林中躲藏的这段日子，白天我就散步闲逛，日子过得还算顺利。但夜里就糟了。我害怕黑暗，一点点轻微的声音就会吓到我。想到家人时，孤独的感觉裹挟着我。梦里总是出现逃跑和追逐的痛苦情境。

逃离犹太人区去欧库纽居住时，我认识了一位年轻的非犹太裔妇女及其家人。她叫万达，二十多岁，有一头乌黑亮丽的长发，长着漂亮的脸蛋。万达与住在华沙的尤瑞克结了婚。

婚后，万达移居到了华沙。当波兰斯基一家不再安全时，万达通过她母亲给我捎了口信，说我可以搬去华沙和他们一起住。我立即开始计划从欧库纽出发去华沙的行程。我非常感激波兰斯基一家对我的照顾。他们冒着生命危险保护了我。

因此，在1944年春天，我回到了一年前逃离的城市。一大早，趁其他人都还熟睡的时候，我收拾行李，装着仅有的贴身物品，走到距波兰斯基家几公里的火车站。当我到达华沙时，万达正坐在车站等我。我们立即前往她在市中心经营的一家杂货店。当我置身在大城市里时，我突然有种安全感。因为没有人知道我是犹太人，我身上的"雅利安人"特质帮助我隐藏了犹太人的身份。万达有一间宽敞的公寓，平时我在她的商店帮工。当有人问起我时，万达就说我是她的女儿。

在华沙，我能感觉到德国人和波兰人之间的关系变得越来越剑拔弩张了。爆炸和空袭的次数与日俱增。一天早上，当我和万达准备去杂货店时，警报器响了，我们不得不躲到地下室去。这已经不是第一次了，但是这次的情形却有所不同。在地下室待了几个小时后，两名身穿制服的德国士兵突然出现在我们面前，命令我们站起来。德军把我们装上一辆卡车，驶到一片广阔的空地上。到空地后，他们带走了所有的男人，无论老少，却把妇女和儿童留在原地。在等待的时候，我们听到了枪声。

我们努力保持理智，但情况很危急。士兵们用步枪对准我们——一群妇女和儿童——的脑袋，这时候有很多人开始崩溃哭泣。一位年龄较大的德国士兵试图安慰我们。他告诉我们说，他也是有家室的人，他本人并不赞成这项任务，只是奉命行事罢了。

这种全身绷紧无法喘息的感觉让人难以承受，每一分钟像过了一个小时。正当士兵们准备射击时，奇迹发生了。一位骑着白马、身穿制服的高个子德国军官猝不及防地出现了。这个神一般的男人一边在行刑队前骑行，一边抬起右手叫喊了一声"停！"行刑队放下步枪，缓慢地后退。受惊的妇女和儿童这才松了好大一口气。我们一群人在傍晚时分被护送到了附近的教堂。教堂很冷，但我们不得不在硬板凳上度过了一晚，即便如此，我们仍然非常感激重获新生的机会。现在的问题是：接下去又会发生什么啊？

第二天清晨，护送我们的德国士兵前往普拉佐临时营地，为将我们运送到集中营做准备。首先，我们必须接受一群波兰医生的身体检查。他们用黄色粉笔在我们身上做了标记，告诉德国人我们患了黄疸病。由于德国人对传染病感到恐惧，因此他们遵循了医生的建议并放走了我们。

当我们离开普拉佐时，万达和我分别跟在不同的队伍里。我偷偷跑到她的队伍里，确保我们不会分开。这下，我们流离失所，身上没有一分钱，更不知道该去哪里。万达记得她丈夫曾经在一个乡村农场付了一个暑假的租金。她说："我们去找找农场，看看他们是否愿意让我们住在那儿，然后再一起寻找尤瑞克。"尤瑞克是波兰抵抗运动的成员，至今生死未卜。后来，万达得知，她弟弟也是抵抗运动的成员，在华沙犹太人区起义中去世了。

我们找到了农场，农民允许我们在那里住上一段时间。一天晚上，万达在阅读报纸时看到了一张列表，上面有受伤的波兰和德国士兵的名字。令她惊讶的是，列表中竟然有尤瑞克的名字。原来他在克拉科夫的一家医院里，在波兰和德国两方的交战中受了伤，之后去医院接受治疗，现在还在那儿休养。第二天，我们前往克拉科夫探望了尤瑞克。

万达在克拉科夫找到了一间小公寓。我们没有收入，也没有人帮衬。但是万达是一位企业家——她重新开了一家小商铺，在黑市里出售面包。我始终陪着她，并尽我所能地帮助她。一旦尤瑞克能够离开医院了，他就和我们一起搬进了公寓，并谋到了一份兼职老师的差事。

战争仍在肆虐，我们知道苏联的军队正在逼近克拉科夫。1945年1月的一个下午，我们听到消息灵通人士说德国人离开了克拉科夫。第二天早晨，苏联人进城了。我们穿上夹克，一路跑到广场。当我们看到苏联军队向市中心的城堡慢慢逼近时，我们开始欢呼雀跃。这算是我与家人分离后最幸福的日子之一。

战争的结束给了我寻找家人的希望。一段时间后，我给日内瓦的国际红十字会写了封信。战争把人们打散了，许多人都在寻找失散的家属和亲戚。他们安排了特殊的聚会场所，以供人们团聚。我也想借此机会碰碰运气。

几个月后，我收到了瑞士红十字会的回复。他们找到了我的一位堂兄，1939年战争爆发前他去了苏联，现在已经回到了波兰。但是当我给堂兄写信时，我发现他搬家了，而且没有新地址。这真是令我好生失望，我只能转而期盼还有别的亲戚活着。

与此同时，万达和尤瑞克在比得哥什新找了一间小公寓。万达帮我报名入学了。当时的我十一岁，尽管经历了那么多年的战争，还中途辍了学，我依然被安排在五年级。上学的第一天很糟糕——我什么都不会，班里的其他孩子都嘲笑我。但是我很努力，第二年我取得了优异的成绩，所以老师派我担任学校代表前往丹麦，进行为期两个月的访学旅行。这真是一次奇妙的经历。我当时借住在拉尔森一家，他们家在菲英岛上有一个小农场。

回到比得哥什之后，我开始读八年级。但我仍旧没有放弃寻找家人的希望。我差点忘记亚伯拉罕叔叔，他住在巴黎，是我父亲的弟弟。我小时候，他和婶婶曾来欧库纽拜访过我们。在我去丹麦前，我曾给亚伯拉罕叔叔写过信，令我惊讶的是他竟然给我回信了。信里写道，他希望我去巴黎，和他一起生活。尽管未知的事物令人恐惧，但我还是决定接受叔叔的邀请。离开万达和尤瑞克，实在是令人伤心的决定，在过去的五年中他们就是我的家人，是他们救了我的命。

经过重重波折之后，我来到了巴黎，和亚伯拉罕叔叔及其家人住在一起，最终我被一所波兰寄宿学校录取。我真的很喜欢这所学校，也学到了很多东西。我的拉丁语老师斯帕诺夫人向我介绍了来自加拿大蒙特利尔的一对犹太夫妇。他们想收养一个没有任何家庭关系的孤儿。我觉得自己年纪太大，没法再接受领养。但另一方面，去加拿大定居的安排非常吸引我，斯帕诺一家帮我联系了加拿大联合委员会，该委员会专门资助年轻的犹太儿童移民加拿大。

1950 年 7 月，我乘坐库纳尔德航线横跨大西洋。去加拿大就意味着开始新的生活，我也不得不学习一种新的语言。一开始，我住在魁北克和蒙特利尔的寄宿家庭里。我的英语学得飞快，在学校里的表现很好。后来，我去了麦克唐纳大学读了两年书，之后我考取了教师资格证书，可以在一到八年级的课堂里教书。

1958 年，我结婚了。我的丈夫戴维来自纽约，当我从威廉爵士大学（今天的康科迪亚大学）毕业后，我们在新泽西州买了一套房子，在那里定居并创建了自己的家庭。我们总共有三个孩子，能陪伴他们一起长大是件令人高兴的事。

2003 年，我搬到了加利福尼亚的圣巴巴拉。我在这里加入了圣巴巴拉大区犹太人联合会，我的这段经历成为了那儿的常设展览——《生存肖像：大屠杀及其后的生活故事》——的一部分。如今，我成为了这个展览的志愿者，与各年龄段的人士讲述我在波兰和大屠杀中成长的经历。

我花了 50 年的时间才鼓起勇气袒露这段经历。但我从不和我的孩子或丈夫讨论大屠杀。现在，我倒觉得分享这段经历可以帮助我直面过去。向年轻人展示反犹太主义偏见的破坏力和危害性，是很有意义的一场教育活动。我们必须教育尚处于成长和变革阶段的年轻一代，引导他们去接受来自不同信仰、不同宗教以及不同种族的人，这一点至关重要。

我想讲述这份经历，是因为我曾目睹仇恨带来的结果。希特勒憎恨犹太人，许多支持他的人亦是如此。宽恕固然重要，但我的家人毕竟都离世了……（因此）我很难原谅他们的暴行。

1996年，我随犹太遗产旅行团前往波兰。随后，我询问向导是否可以带我回一趟欧库纽。我的心情十分紧张，回到家乡让我百感交集。尽管我知道我所有的家人都去世了，但我还是希望能见到熟人，给我一些信息。这一回，我还是扑了个空。一切早已物是人非，童年的一切都不在了。犹太教堂不见了，我的家以及叔叔和祖父的家都被摧毁了。之后，我去了埋葬祖父的坟墓。令我心碎的是，犹太人的墓地已经被夷为平地，周围杂草丛生。但天主教堂及其墓地却完好无损，并且有人一直精心维护着。

旅途结束后，我从比得哥什飞往华沙，探访了万达及其家人。这次团聚给我留下了激动人心的回忆。因为万达，我才决定在十二年后，也即2008年，再次回到波兰。此前我收到一封信，信中告知我，拯救我生命的人——万达和她的丈夫尤瑞克——被以色列驻华沙大使馆和以色列雅德·瓦什姆大屠杀博物馆，授勋为"民族正义使者"。我的命是万达给的，所以我不想错过这次授勋仪式。典礼在华沙举行，我应邀发表演讲，所选择的语言是波兰语，因为在座的来宾主要都是波兰人。在演讲的一开始，我就坦言道，我能活着全靠万达拯救了我的性命。在给万达颁发勋章和荣誉证书时，以色列大使说："挽救生命的这些个他或她，拯救了整个世界。"

我因幸存而感到内疚。尽管家人已经去世快 70 年了，我仍然非常想念他们，始终无法忘记他们，心里一直惦记着他们。当我想起他们，回味着和他们在一起的记忆时，尽管我已经不太记得母亲的身形了，但我仿佛能看到母亲站在厨房窗户旁的情景。许多年过去了，我的眼前仍能清楚地浮现出她温和善良的脸庞。

Judith Meisel

朱迪斯·梅塞尔

生于 1929 年 2 月 7 日。1941 年被驱逐到科夫诺犹太人区，1944 年 6 月被驱逐到斯图斯霍夫集中营。1944 年 12 月，在撤离囚犯期间从斯图斯霍夫逃脱。1945 年 2 月来到丹麦，直至战争结束才离开。现居加利福尼亚州圣巴巴拉。

我出生在立陶宛的一个小镇名叫贾斯韦恩。家里由我的父亲、母亲、哥哥阿格、姐姐拉切尔和我组成。家族中还有堂兄弟姐妹、阿姨、叔叔和表兄弟姐妹——共 146 人居住在贾斯韦恩，并与以贝克尔和弗里德曼为姓氏的两个家庭联系在一起。爸爸是个商人，做一些木材和牲畜的生意。我的母亲米娜是一位不可思议的女人。她从来都认为女孩和男孩一样重要，给予我们所有人良好的家庭教育。

我的家人是犹太教的虔诚教徒，常与犹太同胞聚在一起，尤其是在安息日。爸爸总是会邀请一位客人来家里做客——家里也总是有容纳多一个人的位置。我认为我成年后的身份和性格特征很大程度上归因于我在贾斯韦恩童年时期的成长经历。

我永远不会忘记拉比和另外两个男人拜访我母

亲的那一天。不久之后，她告诉我们爸爸已经死了。后来我们搬到科夫诺斯，妈妈要去那儿找工作。大城市让我目眩神迷，因为我们来自一个有浓厚犹太特色的小村庄。我们在犹太教堂附近找到了住处。犹太教堂全身都被刷成了蓝色。当时，许多男性纷纷倒下，女性撑起了家庭重担。

1940 年，苏联人入侵立陶宛。社会一片混乱，我们不能再去犹太教堂了。母亲也不能随意点蜡烛了。老师在学校里问我们，是否有在家做祷告。虽然老师没有提到"犹太人"这个词，但是母亲说我们必须要小心。当时有位男子来我们家透露小道消息："他们在焚烧波兰的犹太人"。所有人都说他疯了，老年痴呆了。为什么受过良好教育的德国人要烧掉犹太人？没有人愿意相信他。

当德国人在 1941 年夏天入侵立陶宛时，妇女们手捧鲜花向他们致敬，为摆脱苏联人而感到高兴。但妈妈却很害怕，并着手囤积食物。一天，纳粹分子走进院子，大喊："注意！注意！你们犹太人给我立刻离开这里！"

妈妈在屋子里收拾我们的东西。德国人拽着她的头发把她拉出去，在被他们揪头发之前，她有一头乌黑的秀发。我们被带走时，人们朝我们吐口水、扔东西。"为什么他们这么讨厌我们？我们对他们做了什么吗？"我反复问妈妈。她回答说"那是因为我们是犹太人"。当时我听不懂这句话，因为过去我们与所有家庭都是朋友，我和他们的孩子一起在院子里玩耍。而现在，在父母的怂恿下，他们却向我们扔石头。当我现在想起"反犹太主义"一词时，那场景就是最贴切的解释。

当我们迈着沉重的步伐，穿过涅里斯河桥到达一个被称为科夫诺贫民窟的地方时，我能听到德语在身边喊着"快！快！"那是一个有密集守卫的区域，周围拉着带刺的铁丝网，里面坐落着一栋栋原始的小房子，没有室内进水设施。我们和其他三个家庭住在一起，生活状况非常恶劣。但是正如母亲过去常常所说的，无论如何，"至少我们还活着。"犹太区里的食物很少。我甚至到了几乎可以吃任何东西，包括杂草的地步。

一位名叫莫特克的犹太人，问我是否可以跟他去黑市交易，以此获得一些食物来养家糊口。他组织了一批看起来不像犹太血统的孩子，他们和我一样有着浅色头发和蓝色眼睛，他帮我们溜出贫民窟并冒着巨大风险，将食物走私进犹太人区里。我记得有一次我以一枚钻石戒指，换到了五个面包。

德军在犹太人区任命了一支犹太警察部队。大多数警察还算品行端正，但也有些道德沦丧之人。犹太警察的首领阿恩斯坦是一个极其残忍的人，我很怕他。有一回，他在犹太人区大门口发现我的胳膊下藏着一块面包，他对我说："举起你的手臂。"我回答："好痛。"他问我："你说好痛是什么意思呢？"还没等他揍我，面包就掉在了地上。他把我撞倒在地，然后说："如果再让我抓到你，我就杀了你。"犹太人区里有些人饿得发狂，所以就出去偷东西。但是一旦被发现，会被立即处死。德国人强迫我们到为德国军队生产鞋子的工厂里做奴工。后来，他们在我身上缠了脚链，这样一来，工作就变得更加困难了。

1944 年 6 月的一个下午，我们被命令去一片空旷的地面集合。我们在那里站了很长时间，等待着指令。当时天在下雨，冷飕飕的。接着我们被装上卡车，拉切尔、阿格、妈妈和我无一例外。我们大约坐了两天的车。随后在深夜里被转移到火车上，送到波兰的斯图斯霍夫集中营。

当我们到达后，那些男人把我们拆散了。我记得当他们把阿格带走时，母亲是多么绝望。那是我最后一次在营地见到他。当我们走进斯图斯霍夫时，我注意到地上堆着高高的鞋子。我问妈妈，"为什么那里有那么多鞋子？"成堆成堆的鞋子。她说："你为什么一直有那么多问题？"

我们按命令排成一列，接过别人递来的条纹连衣裙和木屐。母亲的嘴里镶有金牙，他们用暴力拔下，把母亲弄得满脸是血。我本有一头浅色长发，左右两侧分别跟着一名女盖世太保和一名男盖世太保。他们嬉笑着拉扯我的头发。男盖世太保对另一侧的女太保说："好漂亮的浅色刘海。我要把这头发带给我女儿。她一定喜欢，正好给洋娃娃做头发。"当我回到母亲身边时，我的整个头皮和脸上都流着鲜血。

斯图斯霍夫中有一个场景给我留下了深刻的印象。当时我右前方的队伍里站着一位年轻女子。后来我才知道她叫查瓦。她穿着连衣裙，按命令必须脱下才行。但在脱衣服的时候，裙摆里突然掉落出一名婴儿，一个刚出生的婴儿。那名男盖世太保将婴儿抱起，扔向停机坪，狠狠摔死。

查瓦加入了我们组。大家住在一个木制的营房里，每个铺位有三张、四张或五张床，我躺在一个三层的铺位上。查瓦躺在我旁边，一直紧紧攥着拳头不肯放。我安慰她说没有关系，但大家都不禁对此感到好奇："拳头里握着什么？"原来是一只小婴儿鞋。纳粹发现了以后，想把鞋子带走。面对她的拒绝，他们一枪杀了她。

我们每天都要列队，也不知道他们会带我们去哪里。最后家里只剩下我和妈妈，姐姐得了伤寒病，被送去了医院。他们想带走的人是妈妈，不是我。虽然我们不知道他们会带她去哪里，但我坚持道："我要和你们一起走。"就这样，妈妈牵着我的手，准备一起进毒气室。我们先去一间房换衣服，然后被带到另一个房间。当时，我离门廊只有一小步的距离，而妈妈已经进了毒气室。门口有个守卫在喝啤酒，他大叫着："猪狗不如的东西！出去！"

我当时握着妈妈的手，她却用力把我推出去，对我说："快跑，朱迪！"那是妈妈在我印象中的最后一面。

我就这样光着身子跑了出来，正巧瞥见所有堆在树下的尸体。营地的女囚犯们对我大喊："过来！"拼命跑过去后，她们一下子就把我围住了，一边帮我穿衣服，一边说："跑回你的营房里去！"我就这样活了下来。

因为内心太过震撼，我不记得之后发生了什么事情。我看望了姐姐，对她说："你必须出院。我们已经没有妈妈了。"

毒气室外有两个大木块。他们将尸体放在木棍上，浇上汽油，然后点火。营地里始终散发着某种恶臭的气味，其实是尸臭。我以为那就是我未来死亡的方式。在被这些尸臭包围的时候，我闭上眼睛，想象着我在贾斯维纳认识的一位年轻女孩的香气，仿佛闻到了家中鲜花的芬芳，还有母亲在星期五早上烤面包时飘来的香味。最重要的是，我听见了母亲在为我唱安睡曲时的声音。我用这种方法，让思绪回到了贾斯韦恩快乐的童年时光里。

1944 年 12 月，德军宣布将毁掉斯图斯霍夫，所有人聚集在大门口等待分配。那天很冷，风把脸吹得很酸痛。如果你走得不够快或跌倒了，就有被枪杀的危险——实际上他们一直在向人开枪射击，而我们不得不整日整夜地赶路。

　　我一次又一次地告诉拉切尔，我们只能继续前进。突然，雨打在我们身上，所有人都开始奔跑，警卫们也开始奔跑。拉切尔问我们应该怎么办。这时眼前出现了一盏灯和一栋房子，我们本能地朝它走去。一切只能依凭当下的智慧去判断。拉切尔惯用右手，一路上我们跌跌撞撞了好几次。最后，我们终于到达了那栋房子，里面住着两个女人和一个男人。后来我们得知这位男子是一名苏联战俘，他们仿佛料到我们会来。其中一位妇女拿着干净的衣服欢迎我们，我们脱下满是虱子的条纹裙装，将它们扔出了屋子。

　　那个女人给了我们一些吃的，还让我们喝了汤，但因为我的肚子消化不了这些，所以又全都呕了出来。她还给了我一条围巾，好遮住我的头。此外，她还要求这位苏联男子带我们到乌姆施拉格广场，这是一个本要被驱逐出境的犹太人的聚集场所。但这位苏联人让我们改名，把自己假装成天主教徒，这样德国人才不会怀疑我们的身份。他还建议我们去维斯杜拉河，那条河在冬天会结冰，从那儿能爬到修道院的另一边。到了修道院，我们就有救了。

我们害怕分别，更担心以后该如何生存。虽然我们成天都心事重重，但却从未对彼此说些什么。从我到达立陶宛的犹太人区后，我不知道下一刻会发生什么，我和姐姐也不打算生存下去。但一切都是天意，"mazel"（希伯来语）①。他们对我说："你是幸存儿。你很勇敢。"从科夫诺犹太区到斯图斯霍夫，幸存与否，全凭运气。

我们好不容易到达了修道院。其实，我们不必告诉修女我们是谁——她们完全能猜到我们是犹太人。我们以为自己是犹太人中唯一的幸存者，希望能够以犹太人的身份继续活下去。修女却告诉我们，修道院为了安全起见，留在这里的人必须改信

---

① mazel：是犹太人的希伯来语，是祝福你、恭喜你、加油之类的意思。——译者注

天主教。拉切尔认为，我们不属于那个地方，于是我们只好不声不响地离开了。

离开修道院时，我得了伤寒病。拉切尔说："我带你去但泽医院。他们若问你是谁，你就指指嘴巴装哑巴。拉切尔的确说到做到，她把我留在了医院的楼梯上。

这个办法很有效，我就这样住进了医院。几周后，姐姐遇到了一位名叫艾恩斯泰恩的女士，并让我们为德国军队工作。艾恩斯泰恩夫人是国防军车站的负责人，那里是德国人吃饭和过夜的地方。我们竟然去了，试想一下，作为犹太人，我们竟然在为敌人打工！艾恩斯泰恩太太有 11 个孩子。她为人麻木残忍，常常在晚上打我们，如果我们做了她认为不对的事情，那我们得再挨一顿她的毒打。

一天，几位德国士兵来车站吃饭，有人问起艾恩斯泰恩太太，这些瘦削的女孩都是什么人。她回答："她们来自立陶宛。不用担心，他们不住房子里，在谷仓堆睡觉。"其中一位士兵说："这不奇怪了吗？我们刚刚从科夫诺犹太人区回来。把房子全都烧光了。那儿没有犹太人了。"说完，他们便开始饮酒唱歌。这件事让我们意识到，我们必须得非常小心，或许我们应该逃离这个车站。

于是，我们开始酝酿下一步的计划。但我们不能马上走，因为外面正枪林弹雨。有一回，士兵们试图强迫我们进入难民区。拉切尔说："我不进去。亲爱的上帝，在我身上投颗炸弹，杀死我吧。我什么都做不了了。"就在这时，一枚炸弹落在难民营的正上方。我们反射性地跳起来，拥抱彼此。"感谢上帝，感谢上帝！我们还活着！"

有一天，艾恩斯泰恩太太建议我们去丹麦。说实话我们根本不想远行，甚至连丹麦在哪里都不知道。但事实证明，我们别无选择，因为德军预备打开供水和下水道系统，好让整个城市都被洪水淹没。我们在但泽港登上了船，天空中仍旧散落着炸弹。我们刚出海，船就被鱼雷击中了。我都不知道在水中待了多久，只记得自己全身都麻木了。我被人拖出水面，装进一条小船。然后我们便乘着小船去了丹麦。从那一刻起——1945 年 2 月的那一天起，我们彻底离开了艾恩斯泰恩太太。

当船只到达丹麦的港口时，我们被立即装上卡车，然后被送往斯温格小镇的大型体育馆。体育馆里的人欢迎我们的到来，还给了我们食物。他们说，我们可以去任何想去的地方，只要在黄昏前回来就好。

我们向一名在体育馆工作的女士询问，犹太人都去哪里了。她回答说："当你们（她以为我们是德国人）被送进集中营时，犹太人就解放了。"言下之意，这里不接收德国人。我和拉切尔商量着，我害怕透露自己是犹太人的身份。"如果是陷阱，该怎么办？他们或许只是想确认我们的身份，然后杀了我们。"拉切尔回答："不，我们必须说清楚。"于是我们去了红十字会，向那儿的妇女说明我们犹太人的身份。红十字的妇女站起身来，一副要哭泣的模样，要求我们拿出证明。于是我们用希伯来语写下自己的名字，随后她给了我们一个大大的拥抱，并问道："你们知道这是哪里吗?"我们回答道："知道，这儿不是德国。"

在给我称体重时，体重仪的指针在 25 磅的刻度旁停了下来，那时我 16 岁。他们还送给我一条花卉图案的头巾，我一直戴着。

拉切尔坚持认为我们是丹麦唯一的犹太人。这让我们很好奇：这个国家就没其他犹太人了吗？这时一位女士告诉我们，过几周犹太人就会回来了。我还记得，姐姐问她："你怎么知道还有犹太人幸存？""我们确实知道。"这位女士回答说："因为我们帮助那些人逃到了瑞典。"1943 年，当我和姐姐先后进入科夫诺犹太人贫民窟和斯图斯霍夫集中营时，丹麦人却将犹太人送到了瑞典，拯救了他们的性命。

在我的世界里，我的性命是丹麦人给的。不仅是生命，他们还重新给予了我人的尊严和对他人的信心。这让我意识到并非所有人都像纳粹及纳粹的走狗那么坏。这些人关心我、帮助我、并给予我力量，在此无法一一道来。

1945 年 5 月 5 日，我搭乘卡车前往哥本哈根，在离开前，我经历了斯温格的解放。我永远不会忘记抵达哥本哈根的那一天。卡车在安德鲁普学校门前停了下来。学校门口站着一个男人和一个女人，他俩向我们走来。那位女士用德语告诉我们，他们是丹麦人，想带我们转转哥本哈根。对我们来说，那儿就是天堂。

他们名叫宝拉·詹森和斯文·詹森，是基督教路德宗的信徒。他们没有孩子，并与其他丹麦人一起为我们构建了一个不可思议的家庭。他们对我们非常仁慈。是宝拉为我揭下的头巾，当她看到我头上密密麻麻的伤口时，她一下子就哭了。她赶紧带我看了医生，但医生觉得我的头发没法重新长出来了。即便如此，宝拉还是决心帮我恢复头发的生长。一位医生说，她可以尝试用生鸡蛋按摩头皮，然后晴天时就让我出去走走晒晒太阳。可我的病越来越重，身体越来越虚弱。不仅有结核病，胃也开始萎缩，所以很难消化食物。宝拉让我去医院，在接受护理之后，我的身体逐渐好转起来。不仅如此，宝拉还实现了她的梦想：我的头发又重新长出来了。

宝拉推着轮椅来医院接我，然后带我和拉切尔一起去港口，迎接从瑞典回来的犹太人，那批回来的是人数最多的一批。姐姐和我简直不敢相信。这些竟然全是犹太人！原来这里还有其他幸存的犹太人！我们终于不是唯一活下来的犹太人了！

家里的大多数成员都被纳粹谋杀了，我的心里始终都怀有深深的失落感。但是在哥本哈根港，看见人们微笑着拥抱彼此，我感到很欣慰，不禁喜极而泣。他们头戴鲜花，伸出双手欢迎犹太人回来。国王克里斯蒂安十世也出席了这场盛典。大拉比[①]也来了。他做了一场特别的祝福弥撒。对我来说，这象征着我犹太信仰的重生。我们犹太人有一句谚语："愿犹太人民的生命长存。"是丹麦人帮助犹太人活了下来。

我在想，既然还有幸存的犹太人，也许我家中也会有其他的幸存者？我永远不会忘记 1946 年 9 月的那一天。当我收到哥哥寄来的明信片时，我还在丹麦。原来他还活着！实在太难以置信了。我们本以为他已经死了，但他居然在达豪集中营中幸存了下来。

他是从意大利寄来的明信片，后来他搬到了加拿大的多伦多。姐姐则嫁给了一位丹麦人，并育有

[①] 拉比：是犹太人中的一个特别阶层，是老师也是智者的象征，主要是有学问的学者，犹太教负责执行教规、律法并主持宗教仪式的人。——译者注

一个孩子。从内心来说，我其实挺想离开欧洲的。无论丹麦多么美好，我只想去多伦多和我哥哥团聚。

当我把这一打算告诉宝拉时，她无法理解，只是哭着抱着我说，我的小宝贝，你不能去。平时，她总爱称我为"我的小宝贝"。确实，是她帮助我获得了新生。宝拉还有句话，意思是，当你想表示感谢时，你应该感谢对方所做的一切——意思是，不仅仅感谢某一件事情，而是感谢对方付出的所有。宝拉百年后的墓志铭上就写着："感谢一切。"

在我要离开哥本哈根时，她大声疾呼："我的小宝贝！不要离开我！"

在船上，我遇到了我的第一任丈夫，1949年7月，我在加拿大和哥哥重逢了。我已经不知道他长什么样子了，即使站在彼此面前也没法立马认出对方。1950年我在多伦多结婚了。后来我们搬去了费城，还有了三个非常棒的孩子。

之后我恢复了学业，并取得了在宾夕法尼亚州坦普尔大学修习学前教育的资格。我之所以想这样做，是因为我从来没有一名普通儿童或青少年的经历，也没有接受过任何教育。我的童年是如此碎片化，充满了戏剧性，以致于我甚至算是缺失了整段童年。有时当我和孩子们一起坐在地板上，有时我会让孩子们坐在我的腿上，向他们大声地朗读童话故事，那是我最幸福的时刻。我还喜欢和孩子们一起做饭——测量、称重、品尝，每一步都让我感到很开心。这或许就是我在囚禁时渴望的画面。

1963 年的一个夜晚，我听到了一则消息。一户姓贝克的非洲裔美国家庭搬进了宾夕法尼亚州福克罗夫特的白人居住区。许多白人在那里一边高声尖叫抗议，一边朝贝克一家扔垃圾。令我震惊的是，这一切让我想起了 1938 年的克里斯塔纳赫特，德语的"水晶之夜"，当时全世界都目睹了德国发生的一切，但却无动于衷。我带着自制的蛋糕去了贝克一家，以示欢迎。当我经过站在他们屋子外面的白人时，他们称我为"白色垃圾"。可我觉得，如果他们的家变得不安全，那我家也会面临相同的风险。如果黑人的人权可以被践踏，那么身为犹太人的我，我的权利也会荡然无存。

虽然我在大屠杀中幸存了下来。但是我仍做不到自如地谈论这段往事。我不想让孩子们知道我的这段经历，因为我担心这会给他们带来痛苦。但与此同时，贝克一家的遭遇在我脑海中挥之不去。我觉得我必须要讲出自己的故事。所以，我报名参加了人权运动——美国黑人的民权运动。作为一名犹太人，我与一名天主教妇女、一名新教妇女和一名非裔美国妇女一起参加了美国妇女小组。我们周游各地，向全国人民传播人权的相关知识。

我永远不会忘记去华盛顿的那次经历。我非常幸运地前后两次会见了马丁·路德·金牧师，并有幸聆听了他在 1963 年 8 月发表的那场精彩演讲——"我有一个梦想"。他的讲演令人振奋，标记了我人生中的重要时刻。

种族主义仍然无处不在。但我们必须坚持与种族主义抗争，我们要确保它不会在世界上任何一个角落复苏。我们不能简单地推卸责任，轻描淡写地说一句，"我该怎么办？我只是一个普通人"这种话。因为即便是一个人，也可以有他的一番力量。

如果我们谁都没有幸免于大屠杀，那么就没有人能说出我们的故事。历史学家与时代见证者所讲述的大屠杀是有区别的。这两件事截然不同，对此我也思考了许多。

我其实一直想回立陶宛看看，走一走古老的石板路。但可惜老有其他事耽搁着。1992年，我终于和丈夫完成了去那儿的旅行。

1941年，纳粹特别行动队搜索了立陶宛的村庄。来到贾斯维恩时，他们聚集了所有在当地生活的犹太人，在把他们带出村庄后，命令他们掘土造墓——给自己的墓。我家族中的所有成员都遭到了屠杀，就被埋在这个万人冢中。其中共有43名孩子。这份痛苦，永远也无法衡量。

纳粹消灭了几代犹太人。我从未想象过我这一生中会生孩子，甚至会成为祖母。如今，我最大的孙子叫亚伦。当我第一次抱他时，我想到了家族里所有未幸存下来的孩子，那些本应也有孙子孙女和我一样的孩子。我们这些人，尤其是在斯图斯霍夫同我住在一起的人，包括亚伦，我们在那里，答应彼此：如果活下来的话，要记得讲述发生在我们身上的故事。

不回到立陶宛、斯图斯霍夫或丹麦，我也记得这一切。但是，那些地方承载了一些仅存于那里的独特之处。在希伯来语中，我们有一句俗语：nekama。它的意思并不是"复仇"，而是表示站在原地说："我还活着，还有反抗一切的胆量。"

我无法原谅纳粹，但我对德国人没有任何恶意。20世纪是人类历史上最残酷的一个世纪，对我而言，大屠杀是特殊的存在。这种事情怎么会在德国这样高度发达的文明国家中发生？关于这个问题，我每天都在思考。

我们不能忘却过去。假如我们忘记了，那就是让自己冒着生命危险活着。作为大屠杀的幸存者，我忍不住地想分享我的经历。然而，我不知道当最后一位见证者离世时，世界会有什么样的改变。世界越变越小，但人与人之间的了解却越来越少。尊重彼此的差异，这就是我们要做的吧！

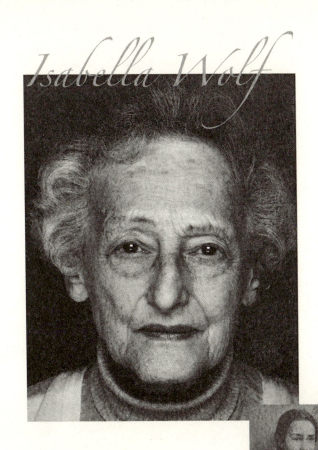

Isabella Wolf

伊莎贝拉·沃尔夫

生于 1932 年 1 月 22 日。1944 年 6 月被驱逐到索尔诺克，后通过斯特拉斯霍夫到达奥地利海利根科鲁兹。1945 年春，从奥地利步行到布达佩斯，后从那里乘坐火车回到家乡。现居奥斯陆。

1922 年，我的父亲伊姆瑞·维斯茨和他的姐夫在克罗斯拉达尼开了一家木材公司。克罗斯拉达尼位于匈牙利的东南部，与罗马尼亚的边境不远。我们家有两个孩子，我的姐姐伊娃和我。

头几年，我在家度过了一段美好的童年时光。我有好闺蜜，平时和其他孩子一样去学校上学。伊娃比我大五岁，我是家里的妹妹。她很早就学会了弹钢琴，全家都很喜欢她的琴声。

1944 年，我十二岁。伊娃住在布达佩斯，在那里她学会了缝纫和歌唱的本领。3 月 19 日，德军占领布达佩斯。当天，他们在火车站的一次突袭中逮捕了犹太人。被劫持者中有试图上火车回家的伊娃。我们从布达佩斯接到电话，说伊娃已被德国人逮捕。妈妈听到电话后昏了过去。

直到很久以后，我们才知道伊娃遭遇了什么。

她首先被送往匈牙利的基斯塔斯卡拘留所，六个星期后到达奥斯维辛。5月2日，她抵达了奥斯维辛，当时她17岁，之后再也没有回来。

德国的入侵是我们噩梦的开始。在那之前，我还没有注意到反犹主义日渐盛行的趋势。这种思潮非常困扰我们。对父亲来说，20世纪30年代末期引入的所谓"犹太法律"，使经营业务变得更加艰难。这些法律限制了犹太人的生意，使我没法上高中。因为每个班级最多只能有三个犹太人，而且大家都倾向把名额让给男孩。战争结束后，我头一回在被驱逐出境后回到了家，恢复了高中的学业。

被驱逐前，学校里经常有人找我们麻烦。当我们穿着漂亮的衣服去犹太教堂做礼拜时，有些不良青年会来挑事。他们称我们为"犹太混蛋"，并把他们从街上捡来的马粪扔在我们身上。所以我去犹太教堂时，衣服上常常带着污渍。但尽管如此，我们仍然过着相对平静宁和的生活，不必理会这些麻烦。

3月19日德军入侵。在那之后，我们的生活环境从根本上恶化了。不久之后，德军也来到了克罗斯拉达尼。同年 4 月，我们的房屋被没收了，改建为党卫军部队医院，而德军则持续向东线作战。我们得到允许，可以在房子里保留一个房间，继续在那里生活。1944 年复活节，情况变得更加严峻。犹太人的房屋外墙被刷上了"犹"字。作为犹太人，身上必须戴一个黄色的星星徽章，并且必须缝在衣服上。不久之后，我们被勒令搬进犹太人区，那里有一栋犹太教堂，一幢教学楼和一栋办公公寓。我们和两个姨妈家一起住进了学校大楼里，有了安身立命之处。祖父也同我们在一起。

在被驱逐出境前，我们在犹太人区里待了几个星期。然后我们乘坐马车前往附近的城镇。当时的警察就是匈牙利的宪兵，他们会监视我们的行踪。他们说，我们可以带上足够的粮食和衣物走。我们赶到邻近城镇的火车站，大篷车载着我们出发了。住在附近的其他犹太人也聚集在此地，好多篷车上都挤满了人。

大篷车把我们带到了另一座城市。幸运的是，距离之前的城镇不是很远，可能只有 100 公里。到达后，所有人必须立即下车。像是走得不够快的老人就会被守卫开枪射杀。在这个索尔诺克小镇，曾经有一家制糖厂。后来变成了该县犹太人的集中营。近5000名犹太人生活在那里。下车后，匈牙利警察和党卫军与我们会面。他们时不时鞭打我们，不管男女老少，逼迫着让我们加快步伐。

厂房里没有房间，所以我们不得不睡在露天的地方。我们在那个地方只待了一个星期左右，倒霉的是那段时间经常下雨。我们用麻袋装上烤面包和蛋糕。放在营地外面就当成睡觉的"床"。睡觉时，殴打和虐待的声音此起彼伏，中间夹杂着人们的哭泣声和尖叫声。许多人因绝望选择用自杀来了结这一切。

纳粹怀疑我们藏匿金银珠宝，尤其是那些特别富裕的犹太人。在那个集中营里，我们还遇到了其他亲戚。身处这样的绝境中，没有丝毫令人愉快的体验。

我们是一个大家庭，有阿姨、叔叔和祖父母。叔叔是爸爸的同伴，他的任务是将我们小镇的人分成两组。我们小组中大约有一百名犹太人。在未来并不明朗的前提下，他希望家人聚在一起，以便互相帮助。

我们组很幸运,被派往了奥地利,另一组则被派往奥斯维辛。来自其他小镇的犹太人也以这种方式分裂成两半——一半被送到奥斯维辛集中营,另一半被送到奥地利。我们这个小组中的年轻人和老人很多,因为许多五十岁以下的人已经被送往劳工营,所以,在被驱逐到奥斯维辛集中营的五十人中,只有少数幸存下来。

我们在索尔诺克逗留的那段时间真是一场噩梦。把生命交给一心要致我们于死地的人们手上,真是非常可怕的遭遇。当我们越过边界到达奥地利时,第一站是斯特拉斯霍夫集中营。在那里我们首先接受了一场彻底的检查。女性还要接受专门的腹部检查,因为有些人可能在肚子那里藏了东西。这种体验让我感到极度反感和恶心。一路上我们仍旧背着麻袋,里头装着布满霉菌的面包。

一周后,我们被送到不同的地方,农场和工厂都有。有些人被运到了维也纳。我们到了一个叫做海利根科鲁兹的地方——一个涵盖修道院、教堂、私人住宅和工作坊的大型农场。我的家族中约有十五个人被送到了那里。每个房间住八到十人。我和妈妈睡在同一张床上。老年人可以选择去厨房帮工。他们负责做饭和照顾孩子。

海利根克罗兹看起来是一个有生存希望的营地。冬天的时候，他们命令我们到耕地和树林里工作。我和大人们一起。虽然我的身体不是很强壮，但是我因此分得了更多的食物。到了冬季，我们在地窖里存了些土豆，还能趁机偷一点调味香料。

有一个场景，我印象特别深，那一次我几乎面临着生命危险。我在楼上的一台脱粒机上工作，时不时要将大型工具叉子放进脱粒机，使其暂停。但机器发出了令人毛骨悚然的声音，警卫们最初以为我在破坏机器。如果真这么认为，我会被直接送到贝尔根-贝尔森集中营。但是，大院的经理发现原来在楼上工作的，只是一个孩子，一个年仅十二岁身材瘦削的黄毛丫头，他让警卫们封了口，这事便没有再进一步调查。经理是一个善良的人，一个相对不错的奥地利人。我相信他不是纳粹分子。

农场上有各个国家的人和战俘。例如目睹乌克兰人对着自己 14—15 岁的女儿调情而竭力反对的一位犹太父亲，他只是想保护自己的女儿。出于这个原因，他被送往了贝尔根-贝尔森，后来我们得知他没能幸存下来。这件事说明就算一个人凭空消失也并非没有可能。对此我们只能缄默，因为我们根本就没有生存权。

尽管他们没让我们直接挨饿，但食物却很贫乏，我们渐渐患上了皮疹和各种维生素缺乏症，伤口面积很大，形容枯槁。如果死了，身体常有虱子和寄生虫，样子不堪入目。为了食物分配的问题，大伙儿经常争吵。在战争的最后几个月，我们看到大批飞机日复一日地飞往维也纳进行轰炸。真希望战争很快就能结束。

一些工人在 BBC 上听到有关前线变化的消息，他们告诉我们，苏联人正在从东线接近，逼退德国军队。这给我们造成了危险的境地。在德国士兵中，有党卫军专门负责寻找并杀害犹太人。令人难以置信且毛骨悚然的是，尽管他们已经面临苏联人的威胁，但屠杀犹太人仍旧是党卫军的必要事项。

一位奥地利农场主救了我们。当时的局势很不稳定，他带领我们穿过大院逃进森林里。我个人认为，农场经理是清楚我们计划的。最后我们藏进了森林里，在那儿躲过了战争最危险的阶段。

这位奥地利人对我们挥了挥手，是他通知我们何时可以安全地离开森林的。我想他和其他帮助过我们的人一样，都是纳粹抵抗者，不过我不敢确定。但无论如何，他们至少同情我们的遭遇。后来，根据他们的指示，我们走出了森林，苏联人占领了海利根克罗兹。

逃出森林后，我们先在一所学校过了一夜。然后，我们尝试找回克罗斯拉达尼的路。学校通常会养马，可惜都被纳粹占用或被盗贼偷走了。我们只好找来一辆手推车，让儿童和老人坐了上去，拉车的活儿则必须由我们来干。

战争尚未结束，往东走时，我们经过了前线附近，身处枪林弹雨中。局势愈发明朗，渐渐地我们发现必须对苏联人格外小心才行。当我们推着车沿着马路前行时，其中一名妇女突然失踪了。过了一阵子，她又跑回到我们身边，原来她是被苏联士兵强奸了。一路上，越来越多的女孩被强暴的消息传入我们的耳朵，我们从心底里不乐意见到那些苏联军队。单就我们的外表而言，并不出众，但被强暴的危险却近在咫尺。

我不记得我们从奥地利到布达佩斯走了多长时间，但旅程肯定持续了许多天。每到夜晚，我们都必须找到一个可以睡觉的住所，因为大家都不敢在夜里外出。令人费解的是，我们居然能够在如此艰苦的条件下，步行走这么远的路。

到布达佩斯后，我们发现德国人炸毁了布达和佩斯之间的所有桥梁，只是在多瑙河上搭了一些临时的浮桥。我估计所有人都怀有一样的心情，都想去犹太人中心登记。我们从布达佩斯朝东出发，一直走到我们住的地方。火车是苏联军队的运输工具，我们所乘坐的火车载满了人，甚至在两节车厢之间也站着人。但重要的是我们回到了克罗斯拉达尼。

在四月下旬到五月初的这段时间里，在这战争结束的当口，我们终于回到了家。父亲和其他一些亲戚分别在1944年底陆续回到家中。在1944年10月至11月期间，他们一直在匈牙利被强迫其去劳动，该地区后由苏联士兵解放。为了逃命，他们甚至躲进森林里，许多人在德军撤退时惨遭杀害。回到家后，爸爸试图拿回我们之前被盗或被没收的财产。

我和妈妈则是在最后单独回到了家。在回布达佩斯的路上，一些苏联士兵邀请我们搭车，一同去迎接维也纳新城释放的囚犯，于是我们在车站和其他人分道扬镳了。但我们渐渐察觉到，原来苏联人是想抓点人强迫其去劳动，我和妈妈害怕极了，心急忙慌地逃走了。但一路上没有其他顺路的人，只有我们两个。好在旅途并不孤独，因为途中能碰到其他国家的人。记得有一次，路边停了辆卡车。我们已经厌倦了推车，想着让卡车载我们一程，但后来我们发现车上全部是另一个营地的囚犯。个个都是生病的模样，很有可能患有斑疹伤寒。母亲说我们不能和他们待一块，所以只好继续徒步前行。

我和妈妈不仅筋疲力尽，身上还长满了虱子，但好在人还活着。到家后，父亲和小狗欢快地迎接我们。当初，犹太人被驱逐出境，而他们的狗则被集中送到一个地方，任人屠宰。但这个人恰巧认识我父亲，是他救下了我的狗。当小狗看见我时，他立刻认出了我，高兴得发疯了。

我们把带虱子的衣服扔进烤箱，渐渐地我们的身体恢复了健康。其他的人过了一段时间才回到了家——那些被驱逐到奥地利和特雷津等地的人回来得更晚。

战后，父亲重新做起了原来的生意，我在赛格豪洛姆上了高中。但1950年，我们搬到了布达佩斯，因为父亲在克罗斯拉达尼的生意被别人夺走了，而且还面临被捕的危险。1947年共产党执政后，私人企业逐步国有化。稍显富裕的人通常会被立即抓捕。爸爸很清楚接下去会发生什么，所以他存了点钱，并在布达佩斯买下了一间公寓。虽然那里也不是很安全，但至少比克罗斯拉达尼好一些。

接着就到了1956年的秋季起义，我们的处境变得非常不稳定。其实我反倒渴望社会变革，因为我已经能预见到共产主义下的行动。但与此同时，在支持起义的人群中出现了反犹太主义的迹象，因此犹太人的生存环境变得很复杂。起义是为了反抗共产党政权及其与苏联的紧密关系，这股起义之风逐渐在匈牙利各地蔓延，最后迫使匈牙利政权下台。但是苏联于 11 月 4 日入侵匈牙利，这又导致许多平民丧生。

于是，人们纷纷逃离边境。越境之所以可行，是因为在 1956 年春天，奥地利和匈牙利边界上的地雷被清除了。我和一些亲戚一起逃出了边境。毕竟匈牙利给我留下了那么糟糕的经历，我正好去别的地方尝试新的生活。这样，我便来到了维也纳。但我其实想去更远的地方，最好是澳大利亚之类的。虽然我没有入境许可，但跟着亲戚我获得了前往挪威的机会。1956 年 12 月，我们来到了克里斯蒂安桑德，并在该地生活了两年。在父亲母亲移民来挪威的一年后，也即 1958 年，我搬到了奥斯陆。那段日子过得很艰难。一段时间后，我在拉蒂欧医院寻得了一份工作。在匈牙利认识的一位医生为我们提供了住所。对此我们深表感激，因为在挪威很难搞到住所。

我丈夫来自特兰西瓦尼亚，位于匈牙利东南部与罗马尼亚接壤的边境地区。战争结束后，他在以色列生活了十二年。在此期间，他本立志成为一名钢琴家，在特拉维夫音乐学院学习。1956 年 9 月，就在苏联入侵匈牙利前不久，他参加了在布达佩斯举行的李斯特钢琴赛。次年，他又参加了布拉格的斯美塔那比赛。我们是通过熟人介绍认识的，一开始以书信来往，1959年他移居挪威。我们于1959年除夕夜在市政厅结婚，后在会堂里举办了仪式。

当时我曾在挪威癌症研究所工作。在那里做组织强化和各种药物的测试。1950年到1955年，我作为特别插班生，在布达佩斯学习生物和化学，之后取得了大学学位。

在癌症研究所工作了十年后，因为要照顾孩子，我便在家休养了几年。我为拥有两个儿子而感到幸运，令人高兴的是，他俩都住在奥斯陆。孩子是我的精神支柱，尤其是在我丈夫久病离世之后。

1975年，我开始在兽医学院的中央实验室工作，在那里当了22年的生物工程师，直到退休。现在我是一名犹太教集会的成员，志愿在各种场合提供服务。在我丈夫生病时，我曾将照顾他视作为人生的使命。

让新一代了解大屠杀具有重要意义。然而，我们的孩子竟然在学校没有学到任何有关大屠杀的知识，这让我们无法理解。在这一背景下，20 世纪 90 年代推出的"白色巴士"倡议就凸显得至关重要。许多大屠杀见证者参加了"白色巴士"和"积极和平旅行"组织的活动，并向挪威年轻人诉说他们的经历。布兰奇·马约尔在这项工作中付出了极大的努力。我曾和她一起乘坐"白色巴士"前往奥斯维辛集中营。老师准备的信息和学生所做的出色功课给我留下了深刻的印象。

在到达姐姐伊娃被纳粹谋杀的营地时，我的内心五味杂陈，非常难受。我是在年轻人及他们的老师的陪同下，重回这个地方的，那感觉很特别。年轻人与奥斯维辛集中营之间的关系，自然不可能像布兰奇或我那样，但很显然的是，他们为所见所闻感到震撼。身处奥斯维辛是一件极其悲惨的事。然而，令人振奋的是，我们在抚养并陪伴孩子读书期间所缺漏的工作，这下总算是弥补上了。

大屠杀纪念中心和犹太博物馆的建立，对我们而言意义深远。偶尔也有其他组织来参观奥斯陆的犹太教堂，在那里了解有关犹太宗教和犹太历史的相关知识。

如今，大屠杀的幸存者越来越少。像塞缪尔·斯坦曼这样做出巨大贡献的见证者更是寥寥无几，他是奥斯维辛集中营中唯一幸存的挪威犹太人。因此，感谢上帝，感谢这些优秀的人为我们留下了许多启发。最后，我希望勿忘大屠杀的历史，通过教育，以大屠杀的可怕罪行警示下一代。

Edith Notowicz

伊迪丝·诺托维奇

生于 1929 年 3 月 16 日。1944 年 5 月被驱逐到奥斯维辛集中营，1944 年 10 月被驱逐到海尼兴，后于 1945 年 4 月被驱逐到特雷津，直到战争结束。现居特隆赫姆。

我来自匈牙利南部的一个小村庄，靠近罗马尼亚边界。全家一共五口人。爸爸经营一家锯木厂，生产床铺、镶木地板和其他的建筑材料。母亲曾在维也纳学习音乐。她会弹奏钢琴，从事社会工作。离家最近的镇上有一个孤儿院，有时妈妈也会给孤儿院帮一些忙。她曾举办过小型音乐会，为有需要的人筹集善款。

我的叔叔和婶婶，还有几个堂兄弟姐妹都住在我家附近。爸爸妈妈很注重教育，希望我们能尊重人和动物，所以早早就教导我们众生平等的道理。与此同时，他们给了我们选择的自由。我和兄弟姐妹间的关系很亲密，我们度过了一段愉快的时光。我们并非是被宠坏的孩子，可却相处得很融洽。每天最激动人心的时刻，是全家人坐下来共进晚餐的时间。哥哥比我年长十四岁，姐姐则大我十二岁。

我在家里是最小的孩子，也是父母计划外的孩子。

战争爆发后，匈牙利陷入困境，奥地利和捷克斯洛伐克成为纳粹德国的一部分。渐渐地，纳粹的思想开始在匈牙利盛行，国内的反犹太主义在不断蔓延。此外，越来越多的人认为希特勒是不可战胜的，因此匈牙利唯一的自救方法就是与德国建立更紧密的关系。

与纳粹德国成为同盟是匈牙利的一场意外。因为尽管匈牙利为德国的战争做出了贡献，尤其是向东部前线派遣了大量的士兵，但希特勒觉得还远远不够。1944 年 3 月上旬，他对我们国家的统治者米克洛斯·霍西进行了猛烈的袭击，3 月 19 日星期日，德国士兵进军匈牙利。霍西和他的政府被架空了，纳粹获得了自由行动的权力。

一切行动的出发点都是要肃清犹太人。我们注意到所有犹太儿童都以各种方式被学校开除了。我们不可以旅行。生活必需品开始实施配给供应，包括食物、衣服和鞋子，但却没有给我们发放配给卡。但住在乡下的我们，却有一丝幸运，那就是我们可以自己种粮食。然而，当时有许多人对我们怀有敌意。不久，政府就下达了命令，要求匈牙利所有的犹太人都佩戴黄色犹太星。该禁令适用于所有六岁以上的犹太人。

5月5日上午，家里有人敲门。爸爸开门时，警察站在外面。他们说我们将被遣送离开，并给了我们一个小时的时间来打包最需要的东西。

这件事令我们非常震惊。没错，我们之前听谣言说犹太人会被逮捕起来，被送往德国。但是我们对那些人身上发生的事情一无所知，因为没有人在被运走后还活着回来讲述他们的遭遇。爸爸虽然知悉了这次逮捕，但为时已晚。母亲也事先得到过舅舅的通知。但舅妈是纳粹分子，她说："敢逃，我就举报你。"所以我们全家都被带走了。

临走时应该带些什么？妈妈陷入了迷茫。她试图收拾一些衣服和粮食。谁都不确定是否会再次回到家中。我们先是被带入一片森林，在那里待了十四天，等待着下一程，但对于目的地我们毫无头绪。幸运的是，当时正值炎热的夏天，我们可以在露天里睡会儿觉。

有一天，突然来了一条通知，说是要把我们遣送走，随即就把我们带到了最近的火车站。

我至今都清楚地记得那段火车之旅。他们把我们安排在没有窗户的车厢里，只有车顶开了条缝。一节车厢大约塞了 60 个人。既没有厕所也没其他便器，只是在角落里放了一个水桶，但很快尿液就装满了，里面的粪便都跑到了地板上。一闻到这股臭味，大家便开始犯恶心。爸爸妈妈竭尽所能地安慰我和姐姐。但毕竟他们自己也不清楚接下去会发生什么，所以即便是成年人，也藏不住心里的不安。有人扛不住，直接死在车厢里。我们只好坐在死者的身上。

一路上没有水也没有食物，什么都没有。我已经记不得整个行程花了多长时间，但肯定有好几天。沿路有飞机轰炸，所以火车不得不停下来。由于车门被锁上，也根本没法逃脱。

最后，火车开始慢慢减速。刹车声像尖叫一般，火车就这么戛然而止。下一秒车门便已打开，浮现在眼前的景象，我永远也忘不了。月台上站着许多士兵，还牵着几条牧羊犬。他们对着我们大吼大叫，让我们从车上走下来。如果觉得我们走路的速度不够快，就把我们推往两侧并开枪射击。场面混乱不堪。对于我们来说，坐了这么久的火车，非常疲惫，要走快并不容易，而且大多数人的身体都处于不良状态。

我们就这么被驱赶到了奥斯维辛集中营。在一片骚乱中，我听到了熟悉的乐曲《鸽子》。一阵阵跳动的节奏与我们所处的人间炼狱格格不入。我不确定，放这首歌的目的是不是想减轻我们的恐慌情绪。但对我来说，那真是一次可怕的经历。在晕头转向的命令中，我和父母以及姐姐被分开了。士兵们一直在大喊，但我听不懂他们在说什么。我只看到他们将妇女和儿童分在一组，男性则被分在另一个组，但不论在哪一组，都找不到自己家人了。

我自然被推入了孩子的队伍里。这的确是一段可怕的回忆。家人给我的安全感突然荡然无存。我被喘着粗气的狗和咆哮的士兵包围着，成年男女的两排队伍消失了。那是我和妈妈、爸爸还有姐姐在一起的最后一天。我不知道他们是被直接送入毒气室还是被用作临时的奴工。最终我们还是分离了。

《鸽子》这首歌有着优美的旋律，但却能让我联想到凄凉的回忆，充满毁灭的回忆。营地上还有一些孩子站着，我和他们一起被带到了营地的另一个处所。之后我们被安置在各自的营房里。我们必须先脱掉自己的衣服，然后接受"消毒"，再让他们搜身。如果你有一头乌黑长发，那下一刻你的头顶上只剩下一条长长的疤，前后的变化令人难以置信。其他孩子也经历了同样的事情。指引我们的守卫既有男性也有女性。像其他孩子一样，我试图打听是否有人见过我的爸爸妈妈，但一无所获。

第一天我们几乎没吃任何东西。我们不得不躺在一个双层床的铺位里，没有床垫，身上也没有毯子。每个床位大约睡了十至十二位儿童，身边没有大人可以陪我们说话。其余的孩子都坐着和我一样的火车从匈牙利被运到此处，所以我们说着相同的语言。幸运的是，我和一个比我大三岁的女孩伊洛娜·维斯茨，分到了同一个床位。很快我们成为了好朋友。她照顾我，平时我们尽量待在一起。

我一直梦想着爸爸妈妈能回来和我团聚，梦想着我们能够回到匈牙利的家。妈妈会做好吃的菜，然后全家人能在一块玩。但那只是一个梦。爸爸妈妈并没有来接我，最终我不得不独自面对营地的生活。不过，我和同床的好朋友们会一起谈论离开营地后的打算。我们有许多计划，尤其是骑马。这些谈话抚慰了我们破碎不安的心灵。至少我们有了一些期待，可以帮助我们振奋精神。我们原以为很快就会摆脱这个可怕的地方，但我们错了。

臭名昭著的约瑟夫·曼格勒医生，亦被称为"死亡天使"，他也在奥斯维辛集中营。很快我就认识了他。曼格勒会将孩子运用在他的医学实验中。他对双胞胎有种特殊的偏爱，但我没法在这里讲述太多细节。因为那对我来说太残忍了。他还热衷于研发新的绝育方法，从而防止犹太人种族繁衍。在营地中，他开展了太多的测试，而我则是曼格勒对犹太女孩进行绝育手术时的实验者之一。绝育实验的烈度远超麻醉实验。

实验的痛苦仍遗留在我身上，一到漆黑的夜晚，有时我仿佛又回到了营地的实验室。他们剥夺了我们的一切，一切的一切。多少次我坐下来思考：这些事情是真的吗？纳粹极力消灭犹太人，其背后的动机是什么？人类怎么会做出这种事？很多时候我都不相信人会残忍至此。但我去过那里，所以我知道确有此事。

每天早晚两次会有人来统计人数，我们必须在营房外面排好队。站在室外挨冻时，身体会发抖，他们偏偏要花很久的时间来清点人数。我不知道是否真的会有人失踪，或者只是他们假装人数不对而已。但不论怎么说，他们每天都要重新清点一遍人数。

营地里的气味始终留在我的记忆中挥散不去。火葬场的火炉一直在运转，当风从一侧吹来时，管道里传来的烟和气味笼罩在营地的上方，实在太可怕了。尽管那时我们这些孩子还没有意识到，我们闻到的是焚烧的人肉味，但我们会将火葬场与痛苦和令人恐惧的事物联系在一起。我意识到火葬场里一定发生了恐怖的事情。许多人被赶往竖着一根根大柱子的地方，但之后我们便再也没见到过那些人。我原以为那里是一些大型工厂。当有人告诉我真相时，我真的不愿相信。在我的世界中，或许不存在如此道德败坏的人，但事实却不容置疑！

我之所以没有被消灭，很可能是因为纳粹需要人力，他们将我安排在营地外的一家工厂工作。每天早晨从营地出发，在工厂里干了十二个小时的活儿后，再走回营地。我们主要负责搬运木板和石头，做一些辛苦的体力活。幸运的是，刚去营地的时候，天气还算暖和，但秋天来临后，气候开始转冷。因为没有好的衣服，我们所有人都得挨冻。

我的身体算强壮的，这都归功于我以前常运动。妈妈教我打网球，爸爸则教我骑马和游泳。这些锻炼帮助我撑过了营地的工作。但是我们的床垫很小，体力的消耗却越来越大。那些支撑不住的人就被扔在电围栏上。这给我们这些孩子们留下了深刻的阴影，因为守卫们会把尸体挂在栅栏上吓我们。有一天，我在工作时睡着了。警卫发现后立即冲到我面前。几秒钟之内，我就被迫苏醒了，那天所遭到的毒打是我这辈子从未体验过的。一个成年人竟然可以用这种方法殴打一个没有防卫能力的孩子，这是完全不可理喻的。

奇怪的是，炸弹袭击并没有吓到我。我和伊洛娜一起四处奔跑，心里数着炸弹落下的次数。工厂附近有一条河，有时候炸弹会在河里爆炸。死鱼慢慢漂浮上来。这些可都是食物啊，尽管附近也有爆炸声，但我们顾不上了。我和伊洛娜在冰冷的水中捡起鱼，因为太饿了，所以我们直接生吃，连皮带骨一起。

我们的撤离路线是前往捷克斯洛伐克的另一个营地——特雷津集中营。当我们到达时，由于有许多东欧的囚犯被运送到那里，所以营地乱成一团。其中一些囚犯患有伤寒，很快便感染了营地的其他人。卫生条件非常糟糕。

幸运的是，我和伊洛娜一起来到了这里，继续为未来做打算。那天晚上，我们讨论着战争结束后，如何享用美食。我们对彼此诉说着，要如何准备食物，招待所有的朋友一起吃饭。我们就这样做着梦，直到慢慢入睡。

第二天早上醒来后，我想找她交谈，但她一点反应也没有。我试着摇了摇她，好让她醒来。但令我感到沮丧的是，她的身体冰冷且僵硬。在过去的几个月中，我见过太多死者，所以我立即反应过来，她已经死了。前一天晚上，她睡得很安详，仿佛有人为她吹灭了蜡烛。当她被抬出营房、装上推车运走时，我感到非常难过。我不知道他们会怎么处理她。很可能她会被运到火葬场，化为灰烬。

到那时为止，我已经失去了我最亲密的人。即使我只是一个孩子，我也预料到自己很快就会和我的朋友一样死在那里。我们所处的地方充满着地狱的味道，我们挨着饿，浑身都冻僵了，躺在床上，周围全是灰尘和污垢。成群结队的囚犯在我身边死去。在此期间，我们还听到了在营地附近传来的枪声。

营地的管理者意识到苏联的士兵就要抵达营地了，他们开始计划撤退的事宜。5月8日，第一批苏联部队攻占了特雷津。战争结束了。试想一下，如果我的朋友能再多活几天该有多好啊，那样的话她就能活下来了。

苏联人立即展开了营救行动，尽可能挽救更多的囚犯。但在此之前，囚犯已和纳粹进行了殊死对抗，以至于在红军抵达后，许多人无法承受身体的压力，没熬下来。

尽管战争结束了，营地得到了解放，他们还是花了好几个星期才把我们遣散。六月初第一批囚犯被释放。苏联军队进入营地后，未能逃脱的德国士兵和守卫被立刻逮捕。双方的角色进行了变换。过去，他们给我们剃光头，现在轮到德国人自己给自己剃头，在头顶上留下粗粗的疤痕。过去，纳粹命令我们戴上黄色的犹太星，如今红军在纳粹的夹克衫正反面都画上一个十字架，并且需要在苏联士兵的严密监视下为营地工作。

我最初被送去了一家孤儿院里，在那期间，红十字会努力寻找着有关我父母和兄弟姐妹的信息。但结果却是徒劳的。几个月后，我意识到我是家中唯一一个幸存下来的人，所以他们把我送回了匈牙利。

这是一场惊心动魄的经历，我很快意识到家乡之于我，已经无家可归。我根本不受欢迎。在我童年时代的家中，已经住进了新人，但我却一个也不认识。他们不理我，还经常把我赶走。房子的新主人是一名共产党人，象征着红色政权。然而，共产党人也不待见犹太人。让犹太人感到更麻烦的是，大多数国家都不愿意与我们产生任何瓜葛。

我在父亲的一个朋友那儿借住了一段时间，参与了许多实际工作，给他帮忙。之后我参加了大学的升学考试，然后在克洛瓦兹瓦镇学习了一段时间的法律。后来，我跟着一名辩护律师一起工作。关于1956年的布达佩斯起义以及苏联残酷镇压等一系列的事情，我知之甚少。

最后我在以色列遇见了我未来的丈夫，约莫在二十世纪六十年代左右，我在那儿待了七年，曾在特拉维夫的瑞士迅达电梯工厂工作。1969年，我来到挪威，自那以后便定居特隆赫姆。近三十年里，我都在北欧装饰艺术博物馆工作。

战争结束距今已有60多年，但许多人仍觉伤痕累累。噩梦时常伴随着我们，战争施加的焦虑有时会让我发疯。在战争最恐怖的时候，我还只是一个孩子，本以为长大后焦虑会随之消失，可自那以后，可怖的回忆始终困扰着我。

尽管我经历过纳粹的伤害和暴行，尽管我曾在奥斯维辛集中营里生活过，但我仍觉得匪夷所思，这种事竟然会发生在开明的欧洲。有时会有人问起我："为什么你得救了？"对此，我无法给出答案，因为我也不知道为什么我能获救。

刚回匈牙利时，我本想去看看童年的家，可惜早已物是人非。但爸爸在我十岁那年买来的核桃树，居然还屹立不倒。看到它，我真的好高兴！

我曾回到奥斯维辛集中营看过。第一次回去是在 2006 年，当时我参加了以"积极和平旅行"为主题的游学活动。营地的记忆出乎意料得深刻，在营地里的步伐突然变得格外沉重。尤其是当我在其中一个看台上见到大堆的头发时，我仿佛突然回到了他们为我剃毛的军营中。堆着手提箱的巨型小山同样令我痛苦，我甚至可以回想起，那天我们被赶下车厢，不得不将行李留在站台上的经历。也许我们的财物就被摆放在博物馆的某个展位上呢？这是一次艰难的游学之旅，但看见那些挪威孩子坚定的面庞，我心中又燃起了希望。

在听到有人否认犹太人大屠杀时，我感到无比心痛。这些人设法编造谎言来欺骗年轻人，这样的行为实在道德败坏。然而，如果一个谎言被不断重复，那么久而久之它就成为了事实。我本人曾在奥斯维辛集中营待过，它令我失去了童年。我亲身体会过纳粹分子恶魔般的兽行，克服千难万险才成为了幸存者。整个欧洲的犹太人都没有逃过那次劫难。能够证明纳粹暴行的人，每年都在递减。当我们中的最后一名见证者也离世，世界会变成什么样？他们会不会肆无忌惮地否认大屠杀的发生？

当我在战后返回匈牙利时，我对重启生活的信心并不坚定。从战争结束的那一刻起，一切后续都是未知数。我或许很快沦为站街女或沉迷酒精。幸运的是，即使我和周围的一切都还未步入正轨，但我至少没有朝那个方向发展。人可以活得比牛强，也可以过得比苍蝇还窝囊。到了必要时刻，你的真实能力远超你的想象。人必须找到活下去的意义，这一点我也成功地做到了。我活着的意义就是保持本真，做一个好人。也有人在他们的生活中找到了别的意义。对于不同的政治和宗教立场，我们必须予以尊重。

因为想要帮助别人，这些年我致力于在特隆赫姆为吸毒者提供援助。我自己有一个口号："对待周围的一切，请用帮助代替漠视！"也许有人会说这正是我所在政党的党章。在此，我确实要引用一段党章里的内容："不要只关注或仇视人与人之间的差异，而要善于发现我们之间的共同点。"对我来说，无论你是犹太人、基督徒、佛教徒还是穆斯林都没关系。我们应该尝试找到一个共同的平台，相互尊重。我认为，只有这样，我们才能建立起和平共处的社会。

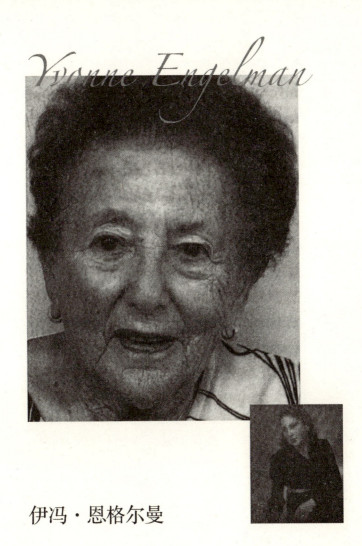

Yvonne Engelman

伊冯·恩格尔曼

出生于 1931 年 10 月 9 日。1943 年被驱逐到贝列霍沃的犹太人区，后于 1943 年秋天被驱逐到奥斯维辛集中营。1944 年末随死亡行军被送往彼得斯瓦尔道，直到战争结束。现居悉尼。

我来自捷克斯洛伐克中一个算不上城市的小地方。我出生在一片美丽的地区，那里有一个名为多弗的村庄。七岁半之前，我一直过着美妙的童年时光。

我们家是喀尔巴阡山脉村庄中约 200 个犹太家庭中的一个。家里没有电，但外面有电。尽管村里有一家木材厂，但实际上大家都是农民。与今天相比，那时的生活非常艰难且比较原始。喀尔巴阡山脉地区分属于几个国家。在我出生之前，多弗属于奥匈帝国，后来又归于捷克斯洛伐克的统治之下。今天，多弗位于乌克兰境内。我们经历了社会的重大变迁。当时我上的是捷克学校，所以我能说一口流利的捷克语，毕竟人永远不会忘记小时候学到的东西。

在德国人和匈牙利人入境后，一切都变了。犹太人遭到社会排挤，生意也被叫停，生活变得非常困难。所有这些都因为我们是犹太人。可我们没有做任何事招惹过德国人。父亲每周至少会被带去警局两次，每次我们都不知道他是否会回来。我和父亲的关系很亲近。有一天他回来，我发现他的前牙被打掉了。战争爆发后，我的童年开始走向痛苦的深渊。

1943 年，我们家被送往贝列霍沃的一个贫民窟。在那之前，贫民窟曾是一家制砖厂。该地区所有的犹太人都被带到了这个贫民窟。包括卫生和食物在内，各方面的生活条件都很差。我们根本想不到第二天会发生什么。不确定的感觉是最糟糕的。直到今天，我仍饱受焦虑之苦，因为在战争那几年里，我一直活在焦虑中。

在进入犹太人区的几个月后，党卫军出现了。那时候是 1943 年年底，没有人通知我们，他们会来这个地方。他们把我们带到铁路上进行筛选。火车站上停着运牛的火车，大伙儿被推入牛车里。由于车上的人站得太满了，根本无法直立。在锁上车门后，我们就这样离开了犹太人区。因为没人和外界接触，自然也没人知道我们要去什么地方。牛车上几乎无法呼吸，人们像沙丁鱼罐头一样挤在一起。第二天早上，车门开了。他们搬走了我们排泄的水桶，给了我们每个人一小片黑面包和一些类似咖啡的饮料。

第三天晚上，父亲对我说："听着，我不确定我们要去哪里。但是我敢肯定我们来这里不是度假。我希望你向我保证，你会活下来。"我说："我当然会活下来的。"当时的我还不知道他话里的意思。要知道，一个十二岁的孩子……还不是很成熟。的确，我们真的只是孩子。但那时候的童年与现在不同。

我们就这样颠簸了五个晚上。第五天，车门终于开了，我们到达了奥斯维辛。我对这个地方一点概念也没有。老街坊里的一些女孩比我来得早，其中一个对我说："为什么你不在来之前就自杀？"她将手指着某个方向："你能看到烟囱里冒出的烟吗？这就是你父母要去的地方。"当初我们都以为她在胡言乱语。我记得她还说了一句话："你住的营房，我也有份参建。"这句话，当时的我还没理解。

大家从牛车上陆续下来。你可以想象一下我们当时的样子——连续五天，没有睡眠、没有进水、没有进食。站台上有数十名党卫军，其中一位特别显眼。后来我得知他的名字叫曼格勒医生。他手里拿着一根警棍，走到父母和奶奶站着的那一排，母亲在他的指示下被带向左边，而我则走向右边。谁都不知道那意味着什么。母亲当年38岁，算是年轻人。如今，我的孩子都比父母那会儿年纪大了。

那是我最后一次见到父亲母亲。走向右边的我们进了一个巨大的厅室。在那个大厅里，很多党卫军正在等着我们。我们得先穿好衣服，然后让他们剪头发。直到今天，我仍然不知道实际发生了些什么，但当时我确实走进过一个毒气室。毒气室是一个有淋浴的房间，喷头里喷出的是气体，而不是水。他们锁上门，把我们关了一整晚。但到了早上却要求我们列队，把我统统们赶了出去。原来，毒气室的毒气还无法正常运作。

后来我们被带到洗衣房。那是一个带水盆的大间，龙头里的水冰冰凉。我们得给自己先洗个澡。洗完澡他们给了我们一条灰色连衣裙和一双木屐。

这就是他们给我们的所有衣物，连内衣也没有。随后我们必须得徒步走回营房。

营房是带有三层板床的小木屋。我们到的时候天色已经很晚了。每个板床上躺五个女孩。每人只有一条灰色毯子，没有食物。他们关了灯，我们只好躺下。第二天早上天还没亮，党卫军就进了营房里，他们打开灯，把我们赶到广场上。我们必须三个一排站好，双手放在前面女孩的肩膀上。他们就这样把我们留在原地，让我们站着，一个小时、两个小时，不论刮风下雨都得站着，反正他们不在乎，只喜欢不停地清点人头。如果你闭眼了，他们就会用警棍抽你的脸和身体。我的听力很差，就是因为一次次的殴打破坏了中耳组织。

清点完毕，他们开始安排我们的工作。每个人会被分配到不同的地方。我工作的小组，是回到当初到达营地的地方。大家在一个放着几十个大篮子的大厅里工作。如果有新的囚犯到达，我们就要把他们的衣服就从身上剥下来，然后仔细检查每件衣服，寻找缝在衣服上的贵重物品。有时候会找到钱、珠宝和钻石，但这些都会被德军拿走。我们必须努力工作，因为每天都有成千上万的人来到这里。

他们命令我们将所有的贵重物品放入篮子里。很快，篮子就装满了。在那里工作时，我们可以听到大人和孩子的哭泣声。那种心情难以描述，尤其是对于像我这样的年轻女孩而言。我们每天得工作十个小时，所有人都提心吊胆，害怕自己成为下一个受害者，或是下一个进入毒气室的人。我们甚至可以闻到烧熟的人肉味，然而营地里却无处可逃。

我在那里工作了好多个月。渐渐地，大伙儿一个个染上了虱子，有人得了坏血病，或是营养不良症。他们会专门给女性吃药，让我们闭经。所有人看起来都像骷髅一样。

当苏联军队靠近营地时，他们命令我们开始死亡行军。我们的身体极度虚弱，正值严冬，天气又非常寒冷。在这种条件下，我们每天必须行进60公里。没有头发，没有保暖的衣物，光靠脚上蹬着的木屐，走起路来活像一具僵尸。但你只能按照他们吩咐的去做，必须不停地前进。如果你没有跟上步伐，那他们就会把你从队伍里揪出来，随后开枪射杀。因此，到达前线的人并不多。如果你敢反抗，那也会被枪杀。如果你想生存，只有按照他们的指示行事。这么做并不意味着胆怯。有时候，人需要接受现实。在某种程度上，这同接受衰老差不多。因为没有任何办法可以阻挡这一切的发生。我也不知道我是从哪儿来的勇气。我当时还很小，并没有丰富的生活经验，但好在我很快就学会了生存的要领。

最后，我们来到了位于德国西里西亚低地的一个叫做彼得斯瓦尔道的地方。那儿有一家制造定时炸弹的弹药工厂。到达后没多久，我染上了猩红热。如果周围的人对党卫军汇报，那我的命就没了。他们每天都会来检查有没有人生病，据我所知被带走的病人就没有回来的。可情况相反，我的室友们把我藏起来了。她们整夜都给我敷冷水，因为那里没有药物，猩红热发病时会发烧，而且烧得很厉害。

早上，她们扶我站起来，对我说："你必须走起来。你还年轻，还死不了。"我不知道身体究竟怎么样了，但我坚持硬撑着和其他人一起工作。在工作的过程中，党卫军时时刻刻监视着我们。我的工作是用放大镜制作其中一个手表零件。我其实一直在假装工作，实际上是其他女孩在忙完自己的事情后替我完成的。

防空警报响起后，德国公民被送到防弹室。我们则被带到工厂的院子，用白手绢向飞机挥手，以免他们轰炸工厂。当我现在回想起那段经历时，肯定是非常痛苦的。那时的我们根本顾不得危不危险，只是按照他们的吩咐去做。后来我意识到工厂的工作是经过精确安排和周详计划的。德国人肯定研究了很多年，才把这套系统运转起来。

有一天，在厂里工作了几个月后，我们被锁在了工厂里，也不知道外界发生了什么。工厂里总共有 1000 名妇女，但只有两个年轻女孩，我就是其中之一。所有人都尽力保护着我和另外一名年轻女孩。一名妇女对我们说："市政厅里挂着一面白旗。他们可能投降了，要么就是战争结束了。"过了一会儿，大门被冲破了。距彼得斯瓦尔道几英里处有一个专收男囚犯的营地。那群人走到我们身边，拆下大门，说道："听着，女孩们，战争已经结束了。"但是，我们却没一个人把这话当真。因为我们认为这可能是党卫军耍的小伎俩，想要引诱我们出去，然后一枪杀了我们。

他们最后还是成功说服了我们，我们警惕地走出去。那天是 1945 年 5 月 8 日。你知道欧洲的五月有多美丽吗？离开工厂的时候，我们不停地回头看，因为我们早已习惯了纳粹的惩罚和虐待。

是苏联人解放了我们。重获自由的感觉仿佛一点都不真实，我们在折磨和毒打中生活了太久，需要一点适应的时间。战争就这样突然结束了，我身边却没有一个亲人。我的未来到底会怎么样？这世上没有人认识我，也没有人会愿意了解我。对于没有去过营地的人来说，和我们重逢一定是具有挑战性的。他们对我们的遭遇知之甚少，也从未与我们这些幸存者谈及此事。

当年我才十四岁，根本不知道未来的路该怎么走。你无法想象我心灵的创伤，我遭受的损害和惴惴不安的心情。我们这群人从未接受过任何心理治疗。我曾与其他幸存者交谈过，分享过同样可悲的遭遇。如今，当人们遇到大麻烦时，会获得专业的建议和支持。但在当时，我们只能依靠自己来解决问题。我曾一度感到沮丧和迷茫。因为那真是一场毛骨悚然的经历。

战争结束后我决定返回家乡。虽然我是家里唯一的幸存者，但幸运的是，我有一位好闺蜜。她的父亲是战后办事处的经理。我告诉她，"我需要出生证和其他与我有关的文件。"言下之意便是透过她找她父亲帮个忙。其实我也说不清，我为什么会萌生出这样的想法。好在她不仅帮我出主意，还告诉她父亲该怎样帮我搞定这些文件。

他确实做到了。他找到了我的出生证和母亲当年的结婚证，这下我才知道妈妈的年龄。众所周知，以前的小孩是不会要求父母讲他们自己的事的。因此，我也是头一回搞清楚家人的信息，包括父母留在捷克斯洛伐克的财产。在那之前我一直认为自己是个没身份的人。我问自己："有谁认识我？"但现在，我确认了自己的身份，剩下的，只需要给我一点安全感就够了。

我费劲艰辛终于来到了布拉格。一路的交通免费，晚餐、例汤，以及厨房的使用权也都免费。我们坐在一家咖啡馆里，看着形形色色的路人，希望能找到熟人。幸存者可以在留言板上写下自己的名字，这样就有机会给亲戚朋友看到，知道对方还活着。

后来，各个国家的政府都开始帮助失去双亲的孤儿。他们为孤儿设计了一个配额制度，规定了每个国家接收孤儿的数量，包括英国、澳大利亚和瑞典。我不清楚澳大利亚在什么地方，但我知道那里一定离我很远，这正符合我的想法。我要摆脱那些可怕的回忆，开始新的生活，澳大利亚是我新的目的地，离欧洲越远越好。

去往澳大利亚的船只并不多，我首先被送往巴黎的一所孤儿院，等船来了再送我们过去。我们一共有 61 名孤儿，大多是男孩。男孩和女孩分别被送到两所不同的孤儿院里。我在那儿待了六个月。孤儿院的工作人员对我们非常友善，然而因为不会说法语，和工作人员很难沟通，所以那段时间过得也有些艰难。1947 年 4 月 22 日，我离开了捷克斯洛伐克前往巴黎，在那里一直待到八月。过去我从来没见过海，来到马赛的时候，我第一次听到了海啸的声音，那真是一次不可思议的旅途。

去澳洲的路途耗时三个月，船上的日子很煎熬，途中停靠了很多地方，因为这艘船不是很适合航海，所以不得不多次停船维修。1948 年 11 月 5 日，我们终于抵达澳大利亚西海岸的弗里曼特尔。

大家被分配到不同的家庭，因为不懂英语，我们和家庭成员之间没有交流。其实这样的生活是很痛苦的。一些人留在了弗里曼特尔，还有一些人则去了布里斯班，另外也有去墨尔本的。我最后去了悉尼，在那里我很快学会了英语。我们生活在一个接纳我们并给我们机会开始新生活的国度，我有动力去学习当地的语言，并将永远感激不用遭人虐待，可以自由自在地生活。感激澳大利亚赐予我自由！

就这样，我开始了新的生活。后来，我遇到了我未来的丈夫，他也是大屠杀中幸存下来的孩子之一。他们家原来共有七口人，一同从捷克斯洛伐克被驱逐出境，最后只剩他和一位哥哥在奥斯维辛集中营活了下来。我们俩努力工作，过得很好。1949 年 5 月 17 日我们登记结婚。我们是第一批幸免于大屠杀的孩子，战后来到澳大利亚，并在此完婚。

我不知道我是如何在大屠杀中幸存下来的。但我想，我是一个非常有决心的人，也许是凭借着对父亲的那份承诺，我找到了求生的力量。此外，我是个有信仰的人，在困难时期，信仰帮助了我。如果人没了信仰，那就没有追求。许多人都失去了信仰。但我从来没有，即使身处在奥斯维辛也没有放弃。

直至今日，我一直保持乐观的心态。也许我的内心从未长大。我从不关注生活的阴暗面，只看到阳光面，始终保持着积极的心态。在奥斯维辛集中营的时候，我的心里有一股巨大的力量。我不知道这力量从何而来。当时我们的餐食实行配给制，我每天坚持存下一小块面包，想着日后如果遇到妈妈能派上用场。虽然我的身体不算强壮，但是我的内心很坚强。精神力量对人有很大的帮助。我目睹了那么多痛苦的遭遇，令我惊讶的是我的性格却并没有变得尖酸苦涩。幸好我没有成为那样的人。

我有一个表妹，她当时带着六个月大的婴儿一起去了奥斯维辛集中营。下车时，她将孩子抱在怀里。母亲和她在一起，并对她说："把婴儿给我抱会儿，你休息一下。"当她把孩子交给了母亲时，不到一秒钟的时间，母亲和婴儿就被送到了左边，而我的表妹却被分配到了右边。因为把婴儿给了母亲，导致了母亲的死亡。她为这件事感到非常内疚，内心无比挣扎。从奥斯维辛集中营到战后的这段时间，她饱受抑郁之苦。面对这位母亲的可怕遭遇，没有人能评判什么才是"正确"的反应。大家只是以各种不同的方式与生活中的悲伤和不幸共处罢了。

如今，我在悉尼犹太博物馆担任向导。当我在博物馆与在校学生交谈时，他们问我是否憎恨德国人。我回答："我不恨，为什么要恨？"仇恨具有强大的破坏力。要想治愈自己的内心，就不能仇恨。我永远不会忘记过去的惨痛经历，但我会教育我的孩子不要仇恨。因为仇恨会摧毁你的心志。我们不能忘记六百万人丧生的事实，不让这些受害者白白牺牲的唯一方法就是铭记他们，并和孩子们讲述这段历史。对于初学者来说，坚持每周四都去博物馆，或是记住我们所说的所有东西，是挺困难的。但自从我幸存下来以后，我始终觉得我有义务将这份回忆传递给活着的人。

我所接触到的孩子大多是非犹太裔。他们是真心对这段历史感兴趣，也给了我很好的回应。他们告诉我，他们永远不会忘记我所讲述的历史。其中一些孩子比我当时去集中营的年纪还小。从在世的幸存者那里听到活生生的故事后，他们也意识到，不必经历如此骇人的事情是多么幸运。来参观的孩子们来自澳大利亚的各个城市，大多数人从未在生活中近距离接触过犹太人。我们不希望任何人为我们感到抱歉。无论肤色、国籍或宗教，我们都是人类，而同为人类，我们必须互相尊重。

在我的孩子长到青少年的年纪前，我并没有与他们谈论之前所经历的事情。你要怎么和一个五岁的孩子解释，她的祖父母在奥斯维辛集中营消失了？后来我才一点一点告诉了他们。几年前，家人想去奥斯维辛集中营看看。我很不情愿，不想回去。但是我觉得这么做是自私的：如果他们想去，我和我丈夫也必须一起跟着。后来，我们一起去了博物馆，看到了装着受害者头发的盒子、受害者的手提箱和眼镜。在丈夫做祷告时，我慢慢平静下来。我心想，既来之则安之。我的子孙后代就在我的身边，这说明纳粹并没有成功地消灭我们。

我和大儿子迈克尔去了我在战前居住的村庄，位于捷克共和国境内。与我记忆中的模样相比，现在的村子看着很小。我们家的老房子还屹立在那儿。当我们站在屋外时，迈克尔说："妈妈，有人叫你的名字。"我回答："不，迈克尔，这不可能。"但是迈克尔用非常平静且坚定的口吻说道："求求妈妈了，去和那位喊您名字的女士打招呼吧。"我只好照做，没料到那位女士问我："你还记得我吗?"我很错愕："对不起，我不记得了。""上学时你坐在我旁边。"我忍不住问道："你是怎么认出我的?"她回答说："不论在何地，我都能认出你来。"这场偶遇有些意外。没想到过了这么多年，她仍旧认出了我。

我在捷克斯洛伐克原来有一个叔叔。他有三条教诲，只可惜当时的我一知半解。叔叔受过良好的教育，是一名医生，他说（这段话很难从捷克语翻译过来）："记住，钱永远在流逝。今天有钱的是你，但明天钱就跑到了其他人手里。但如果你丢了自己的身份，那就永远也找不回来了。"他继续道："永远不要光看一个人的头衔，而是要看他是个什么样的人。只要有机会，你也能有光鲜的头衔。但首先你必须成为一个体面的人。这才是你要在人生中追求的东西。"随着年龄的增长，我渐渐明白了他的意思。

我的生活曾遭遇不幸，好在我挺了过来。不得不说我是一个幸运儿。从子辈和孙辈那里，我感受到了许多幸福。生活仍将继续。

奥斯维辛集中营的火葬场每天都工作着，每天有6000人被杀害。全世界都看在眼里，但却无动于衷。如果盟军轰炸了奥斯维辛集中营的铁路线，纳粹分子将无法得逞。你可知道，逾一百万儿童在屠杀中丧生。这些孩子连生存的机会都没有。如今的孩子们拥有各种各样的机会。而奥斯维辛集中营的孩子们却一无所有。白驹过隙，回首过去，这份感受确实难以名状。

尽管如此，作为幸存者，我们必须讲述我们的故事，必须尽自己所能，防止这种事情发生在任何人身上，不论其宗教、肤色或国籍。人是很聪明的，应该具备包容彼此的能力。包容并不意味着要相亲相爱，而是要求我们以文明的方式共处。

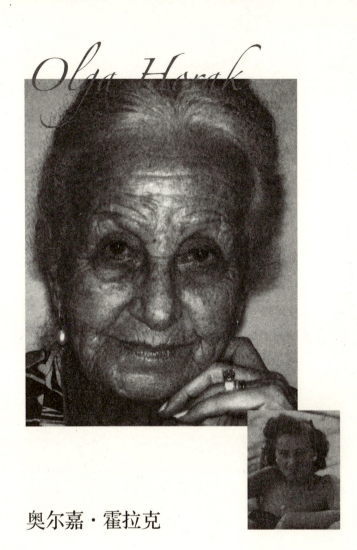

Olga Horak

奥尔嘉·霍拉克

生于 1926 年 8 月 11 日。1944 年 8 月被驱逐到塞雷德集中营，后前往奥斯维辛集中营。1944 年 10 月被送往库尔茨巴赫，后于 1944 年年末被选入前往格罗斯罗森和德累斯顿的死亡行军。1945 年 1 月初被送往贝尔根-贝尔森集中营。1945 年 4 月 15 日，集中营被英国加拿大联军解放。现居悉尼。

战前，捷克斯洛伐克是一个治理规范的民主国家。第一次世界大战后，托马斯·马萨里克创建了共和国，那里成为了一个宜居的地方。马萨里克在战前曾是一名教授，后来和一位美国女性结了婚。他是一个伟人，在他统治共和国的时期，犹太人的生活过得还不错，没有任何因宗教差异产生的迫害，所有人都和睦相处。

但这样的局面并没有持续多少年，20 世纪 30 年代情况发生了变化。在 1938 年战争爆发之前，捷克斯洛伐克不得不向大德意志分出一块叫苏台德的地区。我来自中部，后来那儿变成了自治的共和国，称为斯洛伐克共和国。国家元首、天主教神父约瑟夫·蒂索与希特勒缔结了一项条约，将居住在那里的所有犹太人集结起来，然后驱逐出境，不允许他们返回。这种做法很难理解。因为当我们在战后回国时（幸存的人数很少），那些相信蒂索能彻底摆脱犹太种族的人们感到非常惊讶。有智识的人竟然会抢劫和摧毁犹太人的房屋，并犯下滔天罪行，这让人匪夷所思。

我们住在布拉迪斯拉发。战争爆发时我13岁。我的姐姐朱迪斯14岁。母亲皮罗斯卡34岁，父亲雨果·罗森伯格45岁。父亲和我的叔叔在斯皮塔斯卡45号的家庭住宅里，经营畜牧业。

由于《纽伦堡法令》，我的许多亲戚和朋友都离开了斯洛伐克。我们不得不在胸前佩戴上大卫星。我并不为戴上这颗星而感到羞耻，但是街上会有人责骂我、朝我吐口水。我逐渐学会将书包高高举在胸前以遮盖星星的办法。后来，我们不被允许上学了，也不可以坐在公园的长椅上，不可以做生意或工作，不可以有非犹太裔的朋友，而且必须在日落之后回家。

这些是最初那段时间里的困难。我本正要朝着人生中最美好的阶段迈进。然而，我们生命中最美好的时光却被剥夺了。不幸的是，这场战争持续了六年。时间长得令人难以置信——更令人难以接受的是，一整代中年和老年人遭到了杀戮。即使是年轻人，也只有少数人幸存下来，这要归功于奇迹或信仰。我不相信奇迹，但我笃信信仰的力量。

我虽不能上学，但我的父母很富有，所以他们请了私人教师教授我们英语和法语以及手工。与此同时，我们不得不忍受很多限制，但我现在先直接跳到1942年。我的姐姐朱迪斯那会儿十六岁半，我比她小一岁。当时突然出台了一项法律，规定所有十六岁的犹太男孩和女孩集中在一起，然后被带走。显然，犹太人该学工去了。

无论如何，朱迪斯确实在名单上。日落后警卫来到了我们家并把姐姐给带走了，之后我们再也没有见过她。当不得不重复诸如"集中"，"集中犹太人"之类的词汇时，我心里特别难受。因为没有人会干出收集人的事情。我们收集艺术品、邮票或其他东西，但不会收集人。所以这种让某类人集中在一起的想法，很不可思议。

当朱迪斯被带走时，我的父母很担心。他们竭尽所能地保护我，因为很快我也可能会被列入名单内。爸爸有一个老朋友，当时是蒂索政府的一位部长，他平时挺乐意帮助我们的。那朋友曾说："无论您需要什么，只要来找我谈谈就行。"爸爸从来不需要别人帮他，因为他是一个骄傲的人，也是一个忠诚的公民。只有这一次，他想起了这份好意。爸爸找到这位朋友，并恳求他："请帮帮我，我的孩子被带走了。"他回答说："这事我什么也帮不了。"得到这样的答复，爸爸最后哭着回来了，内心感到无比失望。

人就是这样，会无缘无故地变了。过了一天，你就成为了一个陌生人，一个敌人，甚至被人仇视——这一切仅仅因为您是犹太人。当发生这种事情时，我们无处躲藏。有些人为赚钱而给我们提供藏身处，有时候甚至不要求我们付钱。但这种事情并不经常发生，而我之所以想提一下，是因为我觉得好人不应被忘却。

如果我们不去提好人好事，我们会对人性失去信心，这么做也是错的。我们为朱迪斯的离开感到绝望。不久后，父母决定从斯洛伐克逃往匈牙利。

1942 年春天的一个傍晚，我们做好了准备。一个农民给我们带路，我、我的父母和其他一些家庭成员，成功地非法越境了。

当我们来到布达佩斯时，我们找到了一位亲戚，亲戚给了父母一些匈牙利的货币和食品券。我们没有身份证明，也没有工作，只好假装我们是从乡下来的，谎称来布达佩斯是因为爸爸需要看病。幸运的是，我们会讲一点匈牙利语。我们换了几个不同的公寓。爸爸待在室内的时候，则让妈妈出去买东西。

1943 年的冬天非常寒冷，但是我们通过某种方法克服了这个严冬。1944 年春，德国占领匈牙利后，政治局势急剧恶化。盖世太保和党卫军跟随德国军队一起来到匈牙利。突然，人们的态度发生了变化，藏匿的犹太人遭到了谴责。公寓楼中的看守被任命为间谍，只要揭发"非法"的犹太人，KEOK（专门逮捕犹太难民的警察局）就会给奖励。我们听说被捕的犹太人不是"被送去波兰"就是"被送至奥斯维辛集中营"。尽管我不太明白这话里的意思，但仅仅这些就足以吓到我。时局紧张，我们不知道是否会有人认出我们，也不知道会被问到什么样的问题。

有一天，公寓的看守告诉我们，几分钟之后会有人对房屋进行搜查。我们对此表示感谢，但同时也深感绝望灰心，便马上离开了这个地方，再也没有回来。母亲把父亲带到犹太医院。其中一位护士是我们老朋友的女儿。爸爸假装病得很重，那位护士则配合他的伪装，保护了他。妈妈和我却无处藏身。我们只好尽量寻找庇护。但那时几乎没人愿意庇护犹太人，我们像动物一样被纳粹追逐。

由于匈牙利的局势日益恶化，父母认为我们最好返回斯洛伐克。毕竟，布拉迪斯拉发是我们的家，并且是我们熟知的地方。阿兰卡姨妈和雅各布叔叔同意了，他们和儿子托马斯准备一起加入我们的行列。由于爸爸在医院的安全状况相对良好，他设法与布拉迪斯拉发的人取得联系，并筹划着如何回家。

回家的旅程很紧张。在克雷特（布达佩斯的主要火车站），我们登上了前往边境村庄的火车。车站月台有匈牙利宪兵，他们要检查身份证和旅行证件。但我们手里没有任何证件，只能默默祈祷顺利过关。我和父母幸运地蒙混过去了，但是阿兰卡姨妈和雅各布叔叔被拦下检查，最后被抓捕并带走。他们15岁的儿子托马斯则跟着我们一起。叔叔和姨妈消失了。他们后来被驱逐到奥斯维辛集中营，那之后我再也没见到他们。托马斯也再没有谈论起他的父母。

我们找了一名向导带领我们从村庄逃到森林。我们走了整夜的路，终于越过边界进入了斯洛伐克。我们好不容易坐上火车回到了布拉迪斯拉发，返回斯皮塔斯卡45号的家中。一路下来，精疲力尽。

房子还在，住着罗森伯格家族的其他成员。它的存在唤起了驱逐出境者的痛苦回忆。我们对这些亲戚的下落一无所知，只好想办法联系一些老朋友。与我同龄的格雷塔·菲舍尔加入了游击队，但我无法与她取得联系。其他朋友或消失或潜入地下。

即使生活很艰难，我和家人仍然在一起，仍然在家里生活着。但1944年8月下旬，斯洛伐克中部地区爆发了反抗蒂索政权的起义。德军以叛乱为借口，入侵并占领了斯洛伐克。像往常一样，盖世太保和党卫军紧随其后。

德军进入后不久，驱逐出境又重新启动。父母坚信，我们只有藏在地下才行。施梅拉夫人是我们的邻居，也是母亲的好友。她是一名药剂师，有两间公寓，一间在药房后面，另一间则在另一家药房后。她找妈妈说："你不能继续留在家里了。这是我公寓的钥匙。带上最重要的东西，搬进去住吧。我会和你联系，负责照顾你们。"

这样的恩情真是令人难以置信，我们对她表示了感谢并搬进了她的公寓。即使到今天，我都很难解释之后发生的事情。两个星期后，这位女士，善良的撒玛丽亚人，居然率领警卫来到公寓并揭发了我们。你知道我们有多失望吗，对人性的失望。至于她为什么要这么做，我解释不了。这事发生在1944年8月。后来他们把我们带到了塞雷德集中营。我仍然和父母在一起。集中营通常建在村庄的铁路线附近，离居民区较远。尽管如此，在警卫进村的时候，塞雷德的当地居民实际上一定知道这个集中营的存在。[1]

几周后营地人满为患，他们把我们带出了营房，领到铁路线上。牛车在等着我们，他们把我们推了上去。这就是我们被运送到奥斯维辛集中营的方式。你一定见过牛车吧。你知道是用什么做的吗？就是用马或者牛拉着车。你知道一辆车需要多少匹马或牛吗？实际上，国际法规定要用八匹马或八头牛拉车。我们被推进了车厢里，总计有一百来号人。你根本没法想象情况有多糟，我们像沙丁鱼一样挤在一起。不仅如此，车里还有老人，有些人突发心脏病，也有人在尖叫，甚至有人窒息、死亡。

我不知道到达奥斯维辛集中营花了多长时间。因为当你被困在黑暗的地方时，你会丧失对时间的概念。门从外面被螺栓固定着。车厢里很难熬。我们没有食物，也没有水。只有一个水桶给你对付三急。当时的我还是个年轻女孩儿，为了尊严，我没法使用它。那东西给人的感觉实在太恶心了。

---

[1] 战后，很多当地人都声称自己毫不知情，想撇清自己，意思是自己并非是见死不救。——译者注

当我们到达奥斯维辛集中营时，车停了。我们不知道身在何处。突然门开了，卫兵冲我们大喊大叫。你懂的，他们操着德语对我们尖叫："快走，快走！出去，出去！"我不明白为什么我们必须要走这么快，我们为什么要这么赶。我猜想他们的脑子一定是哪里出了问题。

不论战前、战时或战后，奥斯维辛集中营都是波兰的一座城市。过去有人住在那儿，现在也有人住在那儿。六年前我回到奥斯维辛集中营，重新参观了一遍，当时是制作纪录片的电影团队与我一同去的。准确地说，营地坐落在城市的角落里。战争期间，住在奥斯维辛的人们声称不知道这个恐怖营地的存在。但营地确实存在，并且规模很大，有些住在城里的人甚至还在营地内工作。因此，我很难相信那儿的人对此一无所知。我不能接受这种说法。因为他们一定见过营地，所以他们不仅知道，还能闻到空气中燃烧的尸臭味，那里每天 24 小时不间断。因此，否认那里发生的事情是不可能的。这种矢口否认的态度，恕我难以相信。

火车停在奥斯维辛集中营时，我们一头雾水。

我们曾经读过有关波兰首都华沙和波兰工业的相关信息，但对奥斯维辛知之甚少。所以我们都感到非常惊讶。那些非常虚弱或已经死亡的人从牛车里被拖出来。在月台上，我可以窥见营地的一部分，后来我才知道那地方叫比克瑙。我们被命令站成两列。男性一队，女性一队。孕妇、老人和病人则在第三列队伍中。我和妈妈在一起。

在车站的月台上，还可以看到穿着皮衣皮靴的女囚犯，手上戴着一种写着"KAPO"① 字样的手环。我亲眼目睹了一名老囚犯对新到的囚犯抽鞭子。那一刻我停止了呼吸。她们中有一个人是我认识的，名叫埃塔。她和朱迪斯一个班，并和朱迪斯于 1942 年 3 月一同被运输至此地。我对眼前的所见所闻感到恶心，并哭着说："埃塔，你在做什么啊？"她转过身看着我，然后说："奥利，相信我，我已经不是人类，只是一个动物罢了。"我在奥斯维辛集中营再也没有见到埃塔，但几个月后，我在贝尔根-贝尔森见到了她。我还看到了另一个我认

---

① KAPO：集中营里管理其他犯人的犯人，即犯人头目。——译者注

识的女人，菲舍尔太太。过去，她在布拉迪斯拉发拥有一家餐厅。菲舍尔夫人认出了妈妈，并走到我们跟前，对母亲小声说："罗森伯格夫人，仔细听着。永远不要自愿帮德国人做事！"说罢她交给妈妈一小块胡萝卜："记住，这是块金子。"

许多党卫军士兵在车站的抵达区等候着。他们身着一尘不染的黑色制服，脚蹬擦得锃亮的靴子。桌子后面坐着一位党卫军士兵。他负责人员的筛选，其中一部分人在到达后，会被立即带入毒气室里。他是一个相貌英俊的年轻男子。我记得他当时戴着皮手套。原来他就是"死亡天使"约瑟夫·曼格勒医生。

过去我们从未听说过曼格勒，但后来我慢慢发现，他在奥斯维辛集中营有自己的实验室，都是一些非常可怕的实验，有些需要摘除男性的生殖器，有些则是让女性绝育等等。他对双胞胎和体型较矮的人特别感兴趣。新囚犯抵达营地后，他召集了一些人来到他的实验室。我们被分为三组，他的助手告诉我们："曼格勒医生将对你们进行挑选。"什么是"挑选"？他要挑选什么？我们外出购物时会挑选商品，但不会挑选人，而他却把人当做物品。

我和其他女性站在一列。在我身后的是弗朗兹斯卡姨妈和她的女儿露丝。爸爸与姑妈以及他们的孩子们站在另一排。突然他们就这么被带走了。根本来不及说任何话，就这样走了。

我所站的这一排，非常靠近曼格勒的桌子，所以我们被勒令立刻脱光衣服，这是赤裸裸的侮辱，让人目瞪口呆。我年纪尚轻，就这样在其他人面前脱衣服，我克服不了心理障碍。但为了生存必须这么做。接着我们必须排成一条线，走到曼格勒跟前。他先观察我们，然后做分配。年轻又健谈的人会被送往右边。按照曼格勒的意思，不合格的被送往左边。其实，去左边的人也不乏年轻健康的，只是身上有疤痕或其他明显的斑痕，因此"不完美"了。经过这一次，我们更加迷惘了，不知道未来究竟还有什么会等着我们。

我走到桌子跟前。曼格勒像屠夫挑肉一样上上下下审视着我，并向右挥了挥手。母亲健康且丰满，她也被归入右边的队伍。当年我 16 岁，母亲 39 岁。就这样，我们通过了奥斯维辛集中营的第一次筛选。

15 岁的表妹露丝也被分到了右边。轮到弗朗兹斯卡姨妈了，她站在曼格勒面前。因为曾经做过胃部手术，她的身上留有疤痕。曼格勒将她派到了左边。露丝立即回到桌子旁，向他乞求："求你了，把妈妈留在我身边。"曼格勒站起来，打了露丝一个耳光。但随后，他对着弗朗兹斯卡姨妈指了指右边。这真是奇迹！露丝拯救了她的母亲，两人竟然都在战争中幸存了下来。

"挑选"结束后，左边的队列向某个方向移动，而我们这些右边的人们则到了一个大厅。KAPO 成员让我们闭嘴，并殴打着那些动作较慢的人。我们在大厅里被剃了头发，然后开始被其他囚犯审问。这些特权囚犯有男有女。对我来说，剃光头发比裸着身体站在曼格勒面前更令人感到羞耻。给我刮胡子的那位女士露出讽刺的笑容。她先剪下我齐肩的卷发，然后刮掉我的腋毛，最后剃光阴毛。剪刀太钝了，剃毛的部位都流出血来了。

另一名囚犯将拖把浸入一桶含淀粉的水中，然后在我剃光的头顶、腋下和两腿之间刷洗。为什么我们要被"消毒"？我们是文明人，是有文化的、干净的人，我们又不是来自贫民窟。可纳粹就是这么看待我们的，他们认为我们是"肮脏的"。"你这肮脏的犹太人"，"你这该死的犹太人"，诸如此类的看法根深蒂固，而且他们还会不断重复这种口头禅。

这就是我在奥斯维辛受到的欢迎仪式。他们给了我们一些旧布料来做身体的遮羞布。我们没有鞋子，只有木屐，上面写着编号。另一名囚犯在我的背部和左胸口画了一个数字。此外还有许多囚犯都被纹了身，有些纹在手臂内侧，也有些在外侧。我没有纹身，毕竟每天都有成千上万的人到达这里，他们没有足够的时间给所有人纹身。

换上破布装后，我们列队进入营房。我估计我当时住的是"B仓库"。里面摆放着三层板床，床上铺着一点干草。二至四名女性共用一张窄床。入口附近是一间小房间，用一条毯子与大房间隔开。这是给我们营房里老囚犯（斯图博娃）①住的房间。这名有特权的老囚犯负责管理我们营房中的囚犯。

————————

① 原文为 Stubova, *Stubenälteste*。

每天早晚他们会叫我们出去列队，目的是清点人数，一到早上四点和下午五点，斯图博娃便开始大喊大叫，并命令我们离开军营。清点人数的过程很折磨人。我们必须保持静止不动，直到党卫军数到满意为止。有时会有人因精疲力尽而支持不住。即使是死人也被要求拖出营房，一定要人数相符才行。

　　我是小组中最年轻的，没有被选去做辛苦的体力劳动，只需要搬运桶装的汤。每天晚上囚犯能有一盘汤喝。早晨则是一小杯稀薄的咖啡，简直就像黑水，然后还有一小片面包。在我们排队领食物时，找到合适的位置很重要。如果你急忙赶过去，成为第一个，那你只能喝到热水。如果你迟到了排在队尾，那可能就没有汤了。但是，如果你排在队伍的中间，那你就能领到足量的汤，而且又暖和又浓稠。我很快就掌握了这些窍门。那都是生存的本领。

　　战争结束后，我发现纳粹给我们的食物可能全是下过毒的。所谓的"咖啡"和汤中都含有溴化物，目的是让我停经，在没有任何卫生用品的情况下，这也算是一种不幸中的万幸。但我的月经周期被打乱了，解放后很多年，我们中的大多数人都无法恢复正常的月经。这情况也发生在我身上。

随着时光的流逝，营地的生活变得乏味，我和其他囚犯一样，变得对生活毫无兴趣。当有人提到犹太新年或犹太节日时，我们没有任何反应，因为对生活的激情已经消失了。如果我们的情感没有麻木，那么周围发生的事情会带给我们太多痛苦。所以最好不要让自己有任何感觉，只要想着再活一天就好。

在营地里待了好几个星期后，情况突然发生了变化。当时的我仍旧和妈妈在一起。那天早晨，他们清点完人数后告知我们先不要回兵营，而是带我们走进一个露天场所。我们不得不再次面临"挑选"。曼格勒来了，在他"检查"后，大部分人都被选去从事重体力工作。我记得总共约有 200 位女性。在等待下一步的行动指令时，我们必须在广场上站着，直到夜晚为止。我们就这么站了好几天，没有任何食物可以补给。许多人体力不支，无助地倒在地上，连我也在妈妈的腿上睡着了。

突然有人开始大喊大叫。男男女女的党卫军同KAPO一道命令我们站成排，一边在身边同我们说话，一边让我们列队行走。当时，我对一切都无动于衷，只是跟着其他人的步子往前迈，妈妈陪在我身边。慢慢地，我们走到仓库外的一个月台。那里停着一辆老旧的火车头，眼前的画面很熟悉，是牛车。我们一上车，车厢门再次用螺栓固定，火车便开始行驶。虽然不知道火车将开往何方，但只要能离开奥斯维辛集中营，我们就不在乎。

火车驶过城镇和村庄，最后来到一个叫做库尔茨巴赫的小地方。那儿只有纳粹警卫早些时候侵占的几栋独立木屋。库尔茨巴赫坐落在森林深处。我们被带到一个没有地板的谷仓，里面放着三层的木板床，我们只好睡在这谷仓里。木板床光秃秃的，躺在上面很冷。而且我们必须五点起床，跑出去给他们清点人数，反反复复地点，多变态的主意啊！谁愿意帮帮我们？我们一看就是营地的囚犯，剃着光头、穿着破布、还被编了数字……你知道吗？集中营周围的居民是看得见我们的，这一点他们必须承认。

我们要走十公里，才能从谷仓去到工作的地方。我们干的活是给纳粹军队挖沟开渠。我们挖的不是给士兵们的狭形战渠，而是一种深坑，这设计不是用来抵御坦克，就是用来藏武器，这么说是因为在完成每天的工作后，我们必须用东西把坑盖住。这就是我们大概的工作内容。工作期间，我们没有任何食物，除了一些破布，几乎没有任何衣物蔽体。到了冬天，光靠这些破布根本熬不过去，但我们得继续在冰冻的地面上凿坑，日子非常艰苦。

我们得在傍晚时回谷仓去。回去的路上时不时会受到虐待，有时我们不得不躺在雪地里做俯卧撑，浑身酸痛。管理我们的不仅有男警卫，还有女清洁工。她们也没有表现出任何同情心。究竟是什么样的人会连一丝丝的同情心都没有？太令人费解了。人们常说，女性普遍更友善，更富有同情心。但我却没有这种体会。正因为我相信人性本善，所以我更感到失望。人年轻的时候，都会比较理想主义。

我们就这样一直住在库尔茨巴赫，直到 1944 年 12 月底的一个早晨。有人告诉我们不用列队工作了，直接去高速公路集合，原来这就是死亡行军的开始。我们没有任何信息来源，没有收音机，也没有报纸，更没有人同我们说话。但在穿越村庄时，我们在窗户外看到了圣诞树，这下才反应过来已经到圣诞节了。我们很清楚行军是为了撤离，盟军想必已经从各个方向靠近我们了。

但当下我们只有前进，也不知到底走了多少天。好在妈妈仍然和我在一起。她没有放弃寻找父亲和朱迪斯的希望。是母亲的力量使我坚定了活下去的信念。

终于，我们抵达了格罗斯罗森营地。由于那片营地非常拥挤，三天后他们决定继续前行。傍晚时分，我们来到了某个村庄的广场上，这时才分发了当天的第一份口粮：稀释的汤和一小片面包。党卫军军官也在我们旁边吃起了食物。温暖的豌豆汤闻起来有烟熏的肉味，在鼻腔里散发出某种气味。奇怪的是，这些年来我从不知道自己走了多远，可我却能明明白白记得那天晚上党卫军在广场上吃了什么。

行军继续。如果我们太累了，或是实在走不下去了，那党卫军会将我们就地开枪射杀。我经常问自己：是什么让我继续前进？我的力量从何而来？我怎么会仍然相信上帝？我无法给出解释。就像我们希望一切终会结束那么简单。与我同行的女性再也不应该经历那样的日子了。

到达德累斯顿后，死亡行军似乎告一段落了。我们被推入专为运输木材而设计的货车中。天冷得刺骨，难以忍受。我们聚在一起，试图在冷风中尽可能保存一些热气。

在德累斯顿，我们目睹了一次大规模的空袭，炸弹像天敌一样从天上掉下来。我们"勇敢"的党卫队士兵独自跑到防弹室，把我们留在敞开的车厢里。我们根本逃不掉，所有的人都非常虚弱，而且就算会死，也没人会帮助我们。但我们的火车奇迹般地躲过了炸弹的袭击，空袭结束后，警卫才装模作样地走回来。火车启动了，我们被驱车送往新的目的地，贝尔根-贝尔森。

旅途中没有任何食物或饮料。我们沿途经过了魏玛、哈雷和汉诺威。由于车厢的门是开着的，所以我们可以看到站台的名称。一路上死了许多人。

因为大家紧紧围在一起，所以在极度寒冷的天气里，死者仍保持着直立的僵硬姿态。当火车在贝尔根——贝尔森停下来时，尸体和活着的人被一起推了出去。

我们病得很重。我原有的脂肪在几个月前就消失了，身体里的骨头特别外突，乳房几乎快没了，就连牙齿也开始松动了。我的眼睛有些凹陷，头顶只剩下一些小斑点，人也快站不住了。然而，贝尔根-贝尔森的囚犯病得更重。

贝尔根-贝尔森是一个城市，一座美丽的城市。无论战前、战中或战后，都有人居住着。该市市长在战后说他对难民营一无所知，为证明集中营的存在，英国人将他以及他的同事们带到难民营遗址。他们怎么可以否认事实，这太离谱了。

贝尔根-贝尔森的营地很大，绵延数公里。看起来像奥斯维辛集中营。唯一的区别是它没有毒气室。但是他们既有火葬场，也有露天坑，昼夜不停地焚烧尸体。恶臭难以描述。

我和母亲一起被带到厨房，规定我们必须用钝刀给萝卜去皮，不能让他们吃到任何萝卜皮。他们让我剥萝卜，同时不允许藏任何小萝卜块，这算是另一种酷刑吧。我在营地里待了足够长的时间，我知道如果我被带走，结局会怎样。所以，我想生存。

尽管如此，我还是要熬一天的时间才能解决口粮问题。有一天，我在厨房工作时，看到地板上有一块萝卜皮。我一心想着要吃到这块皮子。当我伸出手想够它时，一名警卫正巧看到了我，并用刺刀扎在我手臂上。我没有尖叫，只是想忘却那可怕的痛感。直到现在，我的手臂上仍然留着一道疤痕。

与此同时，我的身体每况愈下。在到达贝尔根-贝尔森后，妈妈和我都得了斑疹伤寒。严重的腹泻、呕吐和脱水使我们非常虚弱，无法走动。其他人则患有肺结核和霍乱。在军营外，有成堆的尸体在等待"处理"，那里恶臭熏天，简直太可怕了。

在解放前的最后几个星期，营地的条件变得更糟。他们首先将面包的量减少到每天不足一片。后来干脆不再分发面包，我们唯一的食物是一杯汤。再后来连水也没有了。整整一个星期没有水喝。当时，我们仅存的一点念想也被彻底粉碎了。我以为我们都要死了，既没有战争的消息，也不知道最近的盟军在哪里。

从 1945 年 1 月起，我们一直待在贝尔根-贝尔森，直到 4 月 15 日获释。那天早上我们排着队，等党卫队清点人数。但是等来的不是他们，而是坦克，还有枪声。我们发现这群士兵不是德国人，而是来自另一支军队，这下我们才明白，营地被解放了。后来我们了解到，那些是英国和加拿大的联军。

这些部队根本想不到会见到这样的场景。他们来德国本是为了参加战争、赢得战争。当他们进入营地，看到一个个瘦骨嶙峋并四处游荡的犹太穆斯林（当时对我们的称呼）时，立刻救下了我们。他们这么做，不只是因为震惊，更因为他们从未见过如此残忍的迫害。当然了，他们也会害怕，因为营地肆虐着各种传染病。我们身上几乎全是虱子，而且都是大虱子，不是头虱那种。这些虱子甚至可以活活吃了我们。最初是苏联军队把大虱子传了过来。

解放营地后，英国士兵就撤退了。过了几个小时，他们又带着 DDT 回来了，原来他们是想用这种白色粉末给我们消毒和除虫。由于 DDT 具有危险性，现在已被禁止使用，但能够摆脱虱子的祸害也算是一种幸运了。

第二天早上，我们要排队等待注册。他们搭建了一个临时帐篷，桌子旁坐着一个军官。我们需要自报姓名、家乡以及想要前往的国家和地区，完成后会拿到一张小卡片。妈妈也在排队，她向军官提供了所需信息，然后顺利拿到了卡。就在接到卡片时，她突然体力不支地倒在地上。最终，她还是没有撑下来。我就这样失去了母亲。

母亲被归为生还者一类，而非受害者。当时我就站在她的身后，因为我目睹了整个过程，这对我的打击非常大。不论是奥斯维辛集中营、库尔茨巴赫集中营，还是德累斯顿的死亡行军，或是贝尔根——贝尔森集中营，在这四个月里，母亲都坚持了下来。但就在解放后没多久，母亲走了，我永远地失去了她。母亲临终 40 岁，而我则成了一名 18 岁的孤儿。

我虽顺利完成了注册，但在几天后，我倒在军营前生死未卜，幸亏有人发现，我才被带走。他们试图帮助我，但他们手上没有医疗设备。所有的设备只提供给军队使用，而非幸存者。他们把我送去附近的一家临时医院，里面有一些床位和干净的床单。可是接下来，他们却不知该如何救治我。当护士给我称重时，指针停在 9 磅的数字上。

他们将我转移到距离贝尔根-贝尔森不远的城市策勒，那里有一家大型公立医院。可那是一家德国医院，而且战争仍在持续，所有的病床上都躺着德国人。我是医院里唯一的犹太人，德国护士是不会帮我的。他们既不给我清洗身体，也不给我食物，只把我安置在大病房的角落里，我感觉自己快要死了。

虽然我病得厉害，但我的头脑却很清醒。我知道周围发生了什么，也知道我在和病魔做斗争。我很幸运，在每支军队中，都有不同教派的牧师来照顾伤者和病人。一天早晨，一位身穿制服的英国军官和一名天主教神父来医院探访伤者。这位天主教神父并不是正式来探望我，但当他在拐角处看到我时，他走到了我的床边。他拿出耶稣受难像和祈祷书，准备给我临终傅油①，当时他并不知道我是谁。

我看着他说："对不起，神父。"会说英语是我另一个幸运的地方。"你不能给我临终前傅油，因为我是犹太人。而且我不会死。"

牧师着实大吃了一惊，他看着我继续问道："我能为您做什么吗？"我说："军队中有拉比吗？"他回答说"有"。我说："请回到您的军队，带上拉比和担架来。德国的护士们仍然相信希特勒会赢得战争，所以他们是不会照顾犹太人的。"

我说的都是确确实实发生过的事情。几个小时后，他们开着一辆敞篷吉普车回来了。吉普车上标有红十字会的旗帜。车上坐着拉比和牧师，都穿着英国制服。他们把我带到营地的病房里，并让我一直住到太平洋战争结束。那时正是八月。因为传染病的缘故，后来他们摧毁了营地。事后来看，我认为摧毁贝尔根-贝尔森是错误的，这等于销毁了能证明纳粹罪行的证据。

离开医院后，我被抬上专为病人准备的军车，

---

① 病人傅油，是基督教会的一项古老圣事，象征将病人托付给基督并求赐与安慰和拯救。——译者注

然后被送往捷克斯洛伐克西部城市皮尔岑的国立医院。他们没有料到会接收像我病得这么厉害的患者，但是护士们很棒。她们是天主教修女，全都是敬业的女性和有天赋的护士，对我们很友善。其中一个稍年长些的修女，她脸上总是挂着温暖的表情，微笑时会露出皱纹，是她给了我一个房间。那个房间的前一名患者刚死于肺结核。她让我躺在患者的床上。我回答她："不，谢谢"，我没有躺在床上，而是选择坐在角落的藤椅上，用人发制成的毯子盖住自己，然后我就睡着了。

接下来的三天三夜，我都坐在那把椅子上，直到轮到我去 X 光室检查结核病为止。检查下来我没有得病，因此他们就把我安排在普通女性病房里，那儿的妇女都遭到过强奸，因此患有性传播疾病。强奸她们的不仅有苏联人，还有盟军士兵。病房中唯一没有性病的人只有我和另一个女人。她是个美发师，由于使用化学药品患有湿疹。

出院后她把我带回家。她其实是位可怜的离婚妇女。家里只有一个房间，所以她就把我安置在那。我还起不了床，所以她会在上班时锁上门，下班后把食物和牛奶以及其他可以在黑市买到的东西带回来。我在那里一直住到可以下床走动为止。我和她算是萍水相逢，她是一个好人。现在她已经不在人世了，但她的女儿还活着。那孩子曾有一段非常困难的时期，所以我也一直在经济上资助她。

我不会忘记好人。但我也不会忘记坏人。也许糟糕的经历会给人留下更深刻的印象。我的童年时期过得很幸福，但我遭受的损失对我造成了极大的影响。这也许就是为什么我们现在要谈论战争的原因。很长一段时间里，我们都不谈论战争。在某种程度上，我认为这很正常。而且来到澳大利亚后，我们必须重新开始生活。我自认为在这个国家获得了重生。我要建立一个家庭并抚养孩子，那才是我想要的生活，所以当时并不是讲悲伤往事的时候。

皮尔岑之后，我被遣返回到布拉迪斯拉发。我找到了我们的房子，但家里没有人，我是这个家庭中唯一一个幸存者。但是好在我遇到了一些伟大的人，他们是特雷津集中营的幸存者，像我一样被遣送回国，此外还有祖母表兄的孩子。是他们照顾了我，直到 1947 年我结婚前，我一直和他们住在一起。

　　1948 年捷克斯洛伐克经历了政治变革，不久后丈夫对我说："我们不能继续留在这里了。"他的一个朋友设法给我们办了护照。很难说清楚什么样的人才是共产党员，反正我们不是。我们成功地与给我们发放签证的瑞士领馆取得了联系，通过合法路径前往苏黎世。但这件事对我来说是个痛点，因为我们后来没能在那里获得永居。

　　巴勒斯坦已不在我们的选择范围内。在我结婚之前，我本来可以住在一个集体农庄里，但后来不行了。之后我们选择等待美国或加拿大的入境许可证，因为那儿有我们的亲戚。但是我等了很长时间。在瑞士待了 11 个月后，我们决定搬到澳大利亚。我们接受了各项检查和采访，最后获得了入境许可证，前往悉尼。

　　这是一个不错的选择。我的丈夫是一位纺织工程师，但他的学位没法在捷克斯洛伐克获得认可。在抵达的两周内，我们建了一家纺织厂。虽然我没有相关工作经验，但我曾经在瑞士买过一台小型缝纫机，所以我准备与丈夫一起从事他的行业。因为我做不来连衣裙，所以最开始厂里只做女式衬衫。生意渐渐有了起色。

我当然也想组建一个完整的家庭。后来我有了两个女儿，三个外孙外孙女，一个昨天刚出生的曾孙。我们的孩子出生在比较特殊的家庭氛围中，毕竟我们不是一个普通的家庭。我们无法谈论过去经历的种种，而且我敢肯定我们的行为模式和其他人也有所不同。例如我挤橙子时，总是喜欢榨到最后一滴为止。

在孩子还很小的时候，我会给他们读冒险经历，讲讲小红帽的故事，也会提起奥斯维辛集中营。渐渐长大后，孩子们开始提问题："为什么我们没有奶奶？""为什么我们没有阿姨、叔叔、表兄和表妹？"我只好逐步向他们解释。每回谈及这些问题，我很容易一下子讲太多，回忆的过程很艰难。

我记得我女儿曾对我说："其实我们什么都知道。要为未来而活，不要活在过去。"我说："我并没有活在过去，是过去活在了我身上。"这两者是有区别的。

我很高兴有人愿意听我的故事，这份回忆是我们必须留给世人的遗产。我们离世后，人们就只能阅读历史学家写的寥寥数语了，信息所剩无几。有些在世的幸存者在这里做向导，他们可以担保我们所说的都是真实的故事。而那些倾听我们故事的人，所获得的便是第一手信息。

我在博物馆会和不同的人交谈，我遇到的通常都是一些善良的人。他们很感激能够了解这么多关于大屠杀的知识。但也发生过一些棘手的情况，我曾经接待过一批德国访客。我熟悉他们的口音，并且可以用德语与他们交流。有一个德国人对我说的话反应非常强烈。我问他："我有没有冒犯你？"他说："没有，只不过我没想到会和大屠杀的幸存者对话。"不论如何，我不能因为父母辈的事去谴责这些年轻人。尽管我内心深处仍有伤疤，但我并无恨意。

博物馆对我的介绍是大屠杀幸存者。许多游客不知道这意味着什么——幸存者是幸运儿的意思吗？他们不明白，也不能理解犹太教是什么，那是我的宗教信仰。单从外表上看，我可能平平无奇。

父亲虽是金发碧眼，但他是犹太人。因此，我们要
和他们解释，不要用思维定式去看待一个人，那样
做是没有意义的。作为幸存者，我不能忘记大屠
杀。除了集中营的幸存者，还有许多人也是一样。
我的丈夫在大屠杀的三年里，不停地逃命。他的父
亲被驱逐到奥斯维辛集中营后离开了人世，但约翰
却设法逃离了营地并得以幸存。他于 2008 年去世，
这也是我在这里工作的另一个理由，要不然我只能
一个人待在家了。

Zdenka Fantlová

兹邓卡·范特罗娃

出生于1922年3月28日。1942年1月被驱逐到特雷津集中营。1944年秋被驱逐到奥斯维辛集营，后被送往库尔兹巴赫，加入从库尔兹巴赫前往格罗斯罗森的死亡行军，并乘火车前往毛特豪森和贝尔根-贝尔森，囚禁于集中营，至1945年4月15日解放获释。现居伦敦。

我快乐的童年是在家里度过的。就像大多数人一样，我们一家都是文明人。我与父亲、母亲、姐妹、兄弟、祖父和祖母住在一起，享受着和平宁静的家庭生活，学校、假期、恋爱、滑冰和对未来的规划是我童年生活的组成部分，那仿佛是一种田园般的生活。

我们住在捷克斯洛伐克共和国西部的罗基卡尼小镇。爸爸经营着一家钢铁经纪公司，他工作的时候几乎一直在出差。但父亲时时刻刻盼望着回到心爱的妻子贝蒂和孩子们的身边。罗基卡尼的犹太家庭并不多，但是住在那里的犹太家庭已经很好地融入了城市的生活。我们家也是如此，所以我们从来不觉得自己比其他家庭优越或低人一等。

爷爷对所有犹太节日都很虔诚。父亲母亲也很重视犹太节日。我对犹太假期的唯一意见是,那几天大人不允许我上学,即使是工作日也必须做祷告。这让我觉得自己在班里被排斥了。我的朋友们像从未见过我那样打量着我。就算我还是之前的我,但我已不再是他们中的一分子。但总的来说,生活还算安宁。

大家其实都知道德国正在上演的事情。电台里播着新任总理阿道夫·希特勒发表的一些煽动性演讲。我记得妈妈开着广播,只听见希特勒和他的听众大喊"消灭犹太人"之类的口号。但爸爸说:"不要听广播了。那儿是德国。我们有自己的国家,这里有自由和自己的政府。马萨里克总统才是这里的统治者,世界上没有哪个国家拥有比我们更好的领导人。"那时候,德国似乎还很遥远。

1939 年 3 月 15 日的一个早晨,父亲叫醒我们:"快,快!到窗户边上来!"我们拉开窗帘,只见德国人骑着摩托车入侵了我们村子。穿戴奇怪制服和头盔的男子经过我们的房子。那景象很可怕。成百上千辆装了马达的汽车从西边过来,穿过我们的村子，一路开往布拉格。这让我们大吃一惊。电台中传来声音，让人们保持冷静，并警告市民不允许做任何抵抗。

您在十七岁时会对政治局势有何反应呢？就我个人而言，当时最好的消息就是不用上学了。在复杂的政局中，你只会对最接近自己的事情做出反应。在集中营的四年里，我亦如此。不好意思，我现在要跳着说。那些占领的细节已成为历史，我们被列入了黑名单，不得不放弃很多东西，甚至包括宠物。当小狗用悲伤的眼睛望着你，你该如何向它解释这么猝不及防的局面？"你不能再同我们在一起了，因为我们是犹太人。"这句话狗狗是不会明白的。我们的生活发生了翻天覆地的变化，彻彻底底的变化。而此类种种纷纷扰扰却不是天灾而是人祸。不管怎么说，它会给你的生活造成一系列后果。我的生活也不例外。

德国迅速控制了我们国家，引入了《纽伦堡法令》。很快，父亲收到了学校寄来的一封信：您的女儿兹邓卡·范特罗娃具有犹太背景。根据新法条，她无法继续来我们学校上学了。凭着这张纸，我就被学校开除了，然而这个理由并没有任何说服力。奇怪的是，面对异常情况，人却通常还是停留在往常的思路里，像是某种悖论。大家都对我说："这法律很愚蠢。他们会改变主意让你回去的。"好吧，我知道这规定很不可理喻，但是他们并没有改变主意，我也没有再回到学校继续上课。

被学校拒之门外后还发生了一系列的事情，在我看来，那像是一种冥冥中的安排，又夹杂了一些我的个人意志。人确实拥有自由的意志，这种意志让我们坚信人定胜天、事在人为。但其实，这种想法有时候是行不通的。自打我们出生起，我觉得我们的命运就有了安排，仿佛是事先调好的配方。命运便跟着这一配方发展，一些看似无关紧要的微小事件，在未来会突然从你的生活中冒出来，改变命运的齿轮。

当时好莱坞有一部电影，具体来说是一部音乐剧，名叫《百老汇的旋律》。其实这本与我无关，我甚至都不知道好莱坞在哪里，对这部电影也没有什么兴趣。但有一天堂兄贝德里奇带着留声机唱片到我家来，他说："瞧，我就是有本事弄到最新的唱片。这是好莱坞新电影《百老汇的旋律》中弗雷德·阿斯泰尔的唱片，你要听听看吗？"我本来一点也不感兴趣，但我不想让他扫兴，于是便答应了下来。那会儿还是留声机的时代。你得先将旋钮拧开，再放下唱片的唱针。留声机里传来一个性感的歌声，唱着"你是我的幸运星"。虽然我一个字也听不懂，但却被那音乐勾住了魂。这给了我学习英语的决心。其实学英语对我来说没有任何必要，在家我说的都是捷克语。对于英国人，我一个也不认识。然而，在听那首歌的时候，我仿佛有一种直觉，无论如何都要学习英语才行。

从结果来看，这门语言拯救了我的性命。这就是我所说的冥冥中自有安排，因为当初英语对我来说完全没有用。布拉格有一所英语学院，任何种族的法律在那里都不管用。他们接收所有想学英语的人。在我决定要学习英语后，我成功说服爸爸把我送去了那里。他同意的那一瞬间，我感到欣喜若狂！到了布拉格，我和祖母住在一起，她家在老城广场附近。我喜欢英语的语调，在学校里刻苦学习，努力成为最好的学生。我还遇到了玛尔塔，她是我的同桌。她也是犹太人，同样被学校开除。我们曾经一起去布拉格的周边地区旅行，我和她摘下外套上的黄色星星，进入了禁区，直到晚上八点后才回去。八点以后，犹太人是不允许上街的。后来，我们俩都以优异的成绩通过了考试。

去过布拉格后，家乡的生活显得空虚而乏味。城市的居民分为两个阵营。一些人拒绝德国的控制，并设法帮助我们，而另一些人则开始与德国人合作，暗中监视我们，或公开批评我们，好为了从德国人那里获得表扬和好处。那时我们不得不停止使用收音机。如果我们听到德国人不想听的东西，那我们就有"危险"了。德国人严令禁止我们听BBC的广播，如果被抓到，会受到严厉惩罚。在那段日子里，有位邻居来敲我家的门，他问爸爸："你想到我家来听BBC电台吗？詹·马萨里克在伦敦发表演讲。"作为一名爱国者，爸爸应了邻居的邀请。回来的时候，他非常不安。

不久之后的一个晚上，家里传来一阵敲门声："我们是盖世太保！开门！"知道这件事的人告发了爸爸。三名党卫军踹门而入，大喊大叫："听着！

都给我起床!"其中一名党卫军摇了摇父亲,尖声叫道:"叫什么名字?"父亲用德语的发音,平静地说出了他的名字"厄恩斯特·范特尔"。"什么?"党卫军对着父亲嚎叫道:"犹太人,厄恩斯特·范特尔!"一边喊他,一边打他。下达命令的那位党卫军军官说:"你跟我们走吧!"父亲非常镇定,在离开房间前,他转过身,紧张地看着我们每个人,仿佛想在一瞬间记住我们所有人的脸。他用平静的语气低声说道:"别担心。记住,平静就是力量。"然后他默默地扬了扬帽子,同我们无声地告别。党卫军再次用力摔门,父亲就这么消失在我们的视野中。

"平静就是力量"这句话深深地进入了我的潜意识,并伴随着我度过了整个战争时期。在任何紧急情况下,我都对自己说:"不用担心。"事实证明父亲是对的。

由于德国的入侵,来自苏台德边界的犹太家庭开始向内陆迁移。有一户搬进我们小镇的家庭,他们家有个儿子叫阿诺什特(犹太名念法),与我父亲同名。阿诺什特是一个很棒的年轻人,他有一头黑发，一双棕色的眼睛会径直看着你。当时他23岁。我们立即坠入了爱河。为了尽可能地多见面，我们经常一起去森林里走走。我叫他亚诺。他常常来我们家窗边，用口琴吹着安东·德沃夏克"从新世界来"这首曲子，那是我们熟悉的旋律。

我总是立即放下手中的东西，向他奔去。只要看着对方，我们就感受不到任何威胁或危险。甚至德国占领我们国家的事情，也从地平线上消失了。我们认为爱会克服所有的障碍。

1941年秋天，我们渐渐听到布拉格传来的谣言。根据那儿的说法，犹太家庭都将被送往"东方"。"东方"指的是哪里？没有人知道。但这些消息不会是空穴来风，事实证明谣言是真的。

当时，特雷津这个名字对我们意义不大。对于德国人来说，要将捷克斯洛伐克的犹太人派往特雷津是一个便利的选择，因为那座城市有城墙。

1941年11月，德国人从布拉格到特雷津运输了两批人。2000名年轻人组成了这支队伍，他们被派去做准备工作，建造特雷津集中营，以便将更多犹太人送到那里。我的堂兄贝德里奇，曾经向我介绍了弗雷德·阿斯泰尔的歌曲"你是我的幸运星"的那位,在第一批队伍的名单中。

我们的行程比预期的快。1942 年 1 月上旬,我们被叫到附近的一个城镇进行注册。整个地区聚集了一大群人。我们排成一排,面对着坐在桌子后面穿制服的德国人。他们让我们走到桌子前自报姓名,然后给我们一张小纸片,上面有运输号。由于担心亚诺被送往和我不一样的地方,我的心跳得很急。他和他的家人在我面前排成一排,我看到他们的运输号码前有个字母 R。在焦急等待自己的运输号时,我全身发抖。我和家人分配的运输号上带着字母 S。可想而知,最糟糕的事情发生了:亚诺和我将就此分离。人群里吵吵嚷嚷,德国人大叫着,催促我们走快点。

R 组于 1942 年 1 月 16 日启程,目的地不明。也许亚诺的火车会去特雷津,又或许是其他地方。当时我感到绝望,无法接受亚诺离开我的事实。为什么我们的爱只能这么短暂?我试图告诉自己,一切还没有结束。我们 S 组将在四天后出发,所以还不是担忧的时候。要离开家了,在这之前我们必须把一切都收拾好。但是，我们应该带些什么呢？食物？香烟？每样东西我们都收拾了一点。最后，我们清理了房子，把家具布置得好像我们要去度假一般。那天我最后一次坐在钢琴前，弹奏了两首作品，想要借此表达一些希望，分别是德沃夏克的《D小调》和克里斯蒂安·辛丁的《春之絮语》。弹奏完，我轻轻抚摸了一下琴键作为告别，然后合上了钢琴盖。

1942年1月20日星期二是一个美丽的冬日，天空很晴朗。我们将行李装在两轮小车上，前往火车站。我弟和我拉着推车，而妈妈和姐姐则跟在后面。认识我们的人，看到我们时会把目光移开，或悄悄走进房子里，以隐藏他们的真实想法。当我们上火车时，可以看到周围有很多人：男女老少都有，还有带着孩子的母亲。我们被一堆身穿制服的党卫军士兵包围着，其中一些人还牵着狗，狗身上拴着链子。他们朝我们大声喊叫，把我们推入车厢。"通通上车！"情况很混乱。尽管害怕，但看到孩子们在尖叫，母亲们都会上前安慰。此时，父亲的话在我耳边响起："不用担心。记住，平静就是力量。"我好想知道他现在身在何处。

出发前，每节车厢都被上了锁。党卫军命令身穿棕色军装的警察监视我们。他们拿着短鞭，在火车上来回巡逻。当他们坐上马车后，便对着我们尖声吼叫："起立！"面对他的训斥，所有人都必须站起来，全神贯注地看着前方。如果你不照做，或是睡着了，他们就会用鞭子打你的脸。

我们花了两天两夜的时间终于抵达了特雷津。尽管这座城市被城墙所包围，但令我们感到欣慰的是，我们仍在捷克斯洛伐克的领土上。宪兵讲捷克语，这似乎是一个好迹象。城市中央大约有十个营房，高度约为三至四层。抵达后，我们一家就被分开了，弟弟和其他男人一起进了兵营，女的则搬到了另一个地方。很幸运，我们的床铺在窗户旁边。他们要求我们选出一个营房领队，这个人最重要的任务是每周分配两次口粮。我们必须迅速习惯和其他人住在一个房间里的生活。虽然处在同样的状况下，但是每个人的反应却各不相同。

我脑子里只顾着思考去哪里可以遇见亚诺。尽管他可能就在拐角处的建筑里，但他仿佛身处在另一个星球上。一周后，我开始变得焦虑起来。难不成他们要把他送往东部去？某天有传言说新供应的土豆到了。突然，我听到了熟悉的旋律，响亮而清晰。一定是亚诺！我急忙跑到金属栏杆那儿，差点跌倒在地，从三楼的地板摔到院子里。是他没错，他和另外六个男人一起站在装满土豆的推车旁边。

我从楼梯上跑下来，立刻和他交换了眼神。我们渴望能拥抱彼此。但是该去哪里呢？不知怎么地，我们慢慢从其他人的视线里走开，跑下楼梯，并来到其中一个营房的地下室里。地下室里有几间带铁门的储藏室。前两个被锁了，但第三个房间在我们用力推房门的时候打开了。我们在一个黑暗的角落里无所顾忌地亲吻着彼此。当时只有我和他在这间房里，这一刻时间仿佛静止了。可下一秒我们就听到走廊上传来脚步声，接着是党卫军士兵说话的声音。情况非常危急，如果被他们发现，我们可能会被枪杀。

一名党卫军士兵发现房门开着，和其他几间不一样。他好奇了。在用力推开门后，门被重重地砸到墙面上。我和他躲在门背后的角落里，紧紧地贴在一起。我能从缝隙中瞥见党卫军士兵的鞋底。党卫军打开灯，光线很强，短短的几秒钟似乎成了永恒，光影在墙壁和地板上漫游。这时，负责下达指令的军官大喊了一声："继续！"随后他们便离开了房间，出去的时候把门又重重地关上了。如果他们将我们锁在里面该怎么办？还好他们并没有这么做。当脚步声渐渐远去时，我们悄悄地爬上楼梯回到庭院里。我回到给土豆去皮的队伍里坐了下来，亚诺则走回自己的小队。我们迅速对视了一下彼此，作为告别。

不论是抵达还是离开营地，都需要登记姓名、年龄和运输号码。如果你不走运收到一张写有你的姓名和电话号码的粉红色纸条，那你必须在接下来的 24 小时内去站台登记信息。然后，你会被赶上牛车，等他们上完锁，火车便带着所有人出发了。

这就是亚诺和他家人在 1942 年 6 月的遭遇。他来找我时，唯一能对我说的是："我们要被当作罪犯运走了。他们想报复海德里希被刺杀一事。"我们都知道，德国驻布拉格的最高官员、兼护国总督莱因哈德·海德里希被谋杀了。

我顿时语塞。第二天，载着他同其余两千人的火车离开了特雷津。凌晨四点，亚诺站在我的铺位旁。我不知道他是如何在半夜进入我们军营的。他握着我的手，给我的手指上戴了一枚锡合金戒指，并对我说："这是我给你的订婚礼物，希望它能保佑你的安全。假如战争结束后我俩还活着，我会来找你的。"他抱住我亲了一下，随后便跳下床离开了。他走了。凌晨五点钟，他被火车带走了。在这枚锡戒指的内侧，他刻了一排字，"亚诺 1942 年 6 月 13 日"。

亚诺离开后，我彻底崩溃了。他跟着火车消失了，一点消息都没有。"向东发配"与"运送罪犯"究竟有什么区别？那时的我们还不懂。

特雷津的生活仍在继续，重回家园的希望似已破灭。1943 年，向东发配囚犯的频率开始下降，营地有一段时间很安宁。在此期间，特雷津聚集了许多艺术家。战前参与布拉格文化生活的音乐家、作曲家、演员和导演都汇聚在此。问题是，在这里他们有权利做什么吗？德国人会不会反对？可万万没想到德国人这次却说："为什么不行？"他们自然有自己的理由，因为他们希望营地里的囚犯都太太平平，不要出现叛乱。在他们看来，反正我们注定要死。微笑只是暂时的，笑容很快就会从我们的脸上消失。所以他们同意了艺术家的请求，允许他们做任何想做的事情，我们将那天称之为"友谊之夜"。你懂的，这意味着给所有艺术家开绿灯。得到许可后，艺术家们便立即开始工作了。

军营顶部是大阁楼。他们来后，那里就改成了剧院，还专门让人安排了从场景、木凳到服装的一切道具。活跃的戏剧团立即就组织起来了，那里有专业的演员和导演。当时，有个小组排了一场尼古莱·果戈理的戏——《结婚》。另外两个小组排演了歌舞表演，均为临时制作的政治歌舞表演。库尔特·格伦排了一出德语戏剧。格伦是一位著名演员，曾在《蓝色天使》中与玛琳·迪特里希合作，并在贝尔托·布莱希特的音乐剧《十二分开歌剧》中演出了"拿刀子的麦克"。

之后还有作曲家的表演。不幸的是，其中大多数作品都丢失了。但好在还有一些被恢复并保存下来。2013年年初，我在布拉格听了五位作曲家的作品。所以还是有一部分作品被保留了下来。有一个音乐天才叫维克多·乌尔曼，是阿诺尔德·勋伯格的学生。他创作的是钢琴曲和歌剧里的音乐。那出歌剧名叫《亚特兰蒂斯国王》。一位名叫彼得·基恩的年轻艺术家创作了剧本，这部歌剧进行了耗时长久的排练。《亚特兰蒂斯国王》的故事如下：

有一个疯狂的国王向世界各地发动战争。人们成群结队地死亡，最后死了太多人，以至于死神罢工了，这样人们就无法死亡了。国王召唤死神来，并说："这状况不能继续下去了。那些人必须死。您必须恢复工作。"死神说："是的，但有一个条件：您将是第一个死亡的人。"

开场曲，乌尔曼选择了德国国歌，但他选择从后往前倒着放。当受邀参加排练的几位犹太人领导发现这点时，他们感到非常慌张和害怕，担心德国人得知国王是希特勒时会做出可怕的事情来，所以便取消了这出戏。这部歌剧也因此从未在特雷津演出过，战后在荷兰成功举办了首演。格伦、乌尔曼和基恩最后都死于奥斯维辛集中营。

这些人都具有非凡的艺术创造力。有位名叫爱丽丝·赫尔茨的女士，她目前定居伦敦。她是一位钢琴家，曾在特雷津举办了约100场音乐会，但由于从未离开营地，因而得以幸存。她现年109岁（2013年5月时）。前几天我去拜访了她。她每天都会练一会儿钢琴。乌尔曼曾为她创作了三首奏鸣曲。

特雷津的文化生活非常独特。既不属于商业活动，亦非娱乐活动，而是出于道德的支持。我参加了戏剧表演，两年半里我参演了六场戏。从这个层面来说，特雷津对我而言就是天堂。我和原本无缘在家乡见面或共事的人因此相聚相知。对于当时还很年轻的我来说，这真是太神奇了。接下来我要说另一个故事。

就像奇迹一般，我们家除了爸爸，所有人都成功地聚到了一起。但是有一天，奶奶也被列入了运送名单。尽管病了，她仍然要"东行"。抛下她一个人是很残忍的事。同时，我心里仍然非常记挂亚诺。他已经走了将近两年了。他会在哪里呢？会在另一个营地吗？周围的人们有时会提到"奥斯维辛"和"比克瑙"之类的词。

1944 年春天，国际红十字会代表团来到特雷津，亲眼目睹了希特勒本人为犹太人创造的"天堂"。为了使营地看起来不那么拥挤，参观前有 7000 名囚犯被送往东部。为了让代表团满意，德军竭尽所能地装点街道和广场，好让环境看起来漂亮些。还有一点也很重要，那就是他们希望囚犯们能表现得高兴和满足一些。为此，他们命令一群漂亮的女孩，包括我的姐姐莉迪亚去走广场，而他们则在一旁耸肩吹口哨——仿佛刚刚完成当日的园艺工作那般。卡雷尔·安切尔在音乐厅指挥他的交响乐队，由拉斐尔·舍希特带领的合唱团演唱了朱塞佩·威尔第的《安魂曲》。国际红十字会离开营地时，完全相信特雷津的"天堂"是真实的。检查结束后，德军立即发起了几趟东运。

　　到 1944 年秋天，特雷津的人数锐减。10 月 15 日，我们被要求乘火车被运往东部。弟弟在前一周去世了，家里只剩下母亲、姐姐和我，我们尽自己所能为旅途做些准备。德国人亲自管理运输，安排运牛的火车来运送我们，并且一遍又一遍来找我们谈话。10 月 17 日清晨，我们爬上了车，火车开动了。我们会被送去哪里？没有人知道。所能感受到的只有恐惧和不安。

车厢上有一百多号人，其中包括一些孩子，他们口渴，一直在哭。牛车是从外面用螺栓固定的，车厢里没有窗户，空气稀薄到难以呼吸，只有两个水桶供上厕所使用。一些人还在祈祷，一些人已经放弃希望。有三个人在到达前死在了车厢里。

在行驶了 29 个小时后，我们忽然看到了一个车站标志：奥斯维辛—比克瑙。火车停了下来。一打开门，就传来许多噪音，场面非常混乱。身穿制服的警卫人员牵着拴了皮带的狗，大喊着"出去！出去！"火车停下的地方没有站台。我深吸了一口气。空气中弥漫着烟味，夹杂着奇怪的甜味。我想，附近一定有一个屠宰场，他们也许焚烧了一些无法食用的动物。除此之外，没有其他解释能说服我。

我以一个正常人的身份来到了奥斯维辛集中营，我曾认为周围环境与我无关。但是眼前的一切是如此令人难以置信，以至于我不得不问：我在哪里？这是什么？奥斯维辛的景象我毫无准备，那里有一排排没有窗户的军营，用高高的铁丝网围着，凶狠的狗和守卫在一旁监视着一切。我感觉自己陷入了一个阴暗的地下室，我的未来一片黑暗，没有出路，仿佛被困在一个未知而可怕的地下世界。

突然，一个意外的声音传入我的耳朵。那不像是人类的声音，更像是某种不知从何而来的激光。那声音说着："这个地方意味着死亡。如果你幸运一些，没有被他们杀死，那么你就能积攒足够的力量活下来。但这可并不容易。"当我听到这些话时，不管是谁说的，都给予了我安定的感觉，心中稍稍踏实了一些，仿佛有一只手搭在我的肩上，指引着我前进的方向。

在奥斯维辛集中营，正常的逻辑不起作用。我举一个例子吧。当载着一千人的火车到达时，我们先要列队行进一公里多的路。最后，我们到达了一个地方，那里有三名党卫军军官，穿着完美的制服，手里握着笔。站在中间的那位戴着手套，并且很快将人群分成两块——左边！左边！右边！左边！左边！右边！好像交通警察那样。整个过程没有时间给人思考。最初，我们并不知道左边意味着立即死亡，右边则代表可以继续活命。但我发现，老人和孕妇都被指向左，年轻人则被指向右。

轮到我们了。我看清了那位军官的脸。他非常英俊，看不出有什么邪恶的地方，但在他清澈的蓝眼睛里，我闻到了一丝冷血的味道。他指着妈妈说："左边！"然后对我说："右边！"面对姐姐莉迪亚，他却没有给出结论。我立马抓住她的手臂往我这边拉。我看着母亲，她的眼神里充满了惊恐。就这样，她离开了我们。

我和莉迪亚在一个约有300名健康年轻女性的队伍里。当女警卫带领我们穿过一片空地时，我看到一群剃了光头的裸女在大大小小的泥坑里跑来跑去。当时我还保持着正常人的心智，心想："这些人是谁？怎么会这样？"24小时后，我做了和她们一样的事。

他们把我们带到一个木制的营房里，并要求我们脱下所有的衣服。珠宝、戒指和手表都要和衣服放在一起。除了亚诺送给我的戒指外，我把所有饰品都摘下了。戒指是我力量的源泉，它代表着重逢的希望和我所有的爱。脱光衣服后，我们必须排成一排，通过很狭窄的门进到一个房间。那儿有一名身穿制服的党卫军给我们进行仔细检查，看看我们是否私藏了东西。快轮到我的时候，房里突然传来尖叫声和鞭打声，队伍有些乱了。原来有一个女孩将订婚戒指藏在舌头下，被党卫军士兵发现了。在挨完鞭子的毒打后，她被人带了出去。

排在我前面的女孩注意到我手上的那枚戒指。"看在上帝的份上，摘下戒指！你一定是疯了！他会杀了你！就为了这锡做的玩意儿值得吗?"我想了个办法，先往队伍后面挪，给自己一些思考的时间。如果我丢下了戒指，那按我的理解这就代表我丢弃了亚诺，也就意味着我失去了做人的道德基准。但如果我留下戒指，党卫军并不一定能找到。命运就像俄罗斯轮盘赌①。最后，我决定将戒指藏在舌头下，但这么做等于是冒着生命的危险。他翻遍我的头发，希望能找出些什么。就在这时，上级长官下达了一条命令，要他们加快检查速度。"下一个！快点!"就这样，我的戒指躲过了搜查。戒指

---

① 俄罗斯轮盘赌：是一种残忍的赌博游戏。赌具是左轮手枪和人的性命。——译者注

的事增强了我的信念，面对这一切，我已无所畏惧。

搜查完毕后，就轮到"理发师"的理发时间了。大约有十名拿着剃须刀的男警卫，负责剃光我们身上所有的毛发。失去头发的我们好像变了一个样，让人认不出来了。接着有警卫从各种衣服堆里朝我们扔衣服。我手上接到了一件橄榄绿的晚礼服，上面还绣着珍珠。谁会是这条绿色连衣裙的所有者呢？她为什么会带这样的衣服过来？难不成她以为自己要去什么豪华的地方吗？这件礼服像是19世纪的风格，是喜剧中常见的款式，很可能用在名媛赴宴的场景中。而我将穿着她演绎不同的剧本、不同的角色和不同的情节。

全都搞定后，我们终于来到了睡觉的地方，那是一个长方形的棚子，里面没有窗户，只放着一张三层板床。我就这么在硬木板上睡着了。凌晨五点的时候，我突然听到女党卫军的声音："所有人都给我出来！排好队伍！出去！"我们半睡半醒地跳下床，拖着步子走到一片大空地上。天还黑着，他们就开始清点起我们的人数：5、10、15、20……

一遍又一遍，我们只能站在原地等待。

清点完毕之后，他们让我们喝了些汤。这是我们离开特雷津以来，第一次品尝食物。离开特雷津虽然只有三天，但却像隔了十年。特雷津从我们的意识中消失了，仿佛这座城市从未存在过。不久之后，三名男囚犯进入我们的营房，他们在营地当电工，可以自由地走动。我认出了其中的一位，他是特雷津的奥塔·威尔。我跳下床和他打招呼。他问我什么时候来的，和谁在一起，我回答完后他又问道："你母亲还在吗？她走到左边队伍去了？""是的，她去了左边。我猜她和其他女性住一个营房。"奥塔把我拉到门边，半掩着门然后指着从高烟囱冒出来的红色火焰。"她在那里，"他干巴巴地说，"她就是那烟囱里的烟。"

我还没明白他的意思，心想这奥塔也太可怜了，在奥斯维辛集中营待了两年了，可能被这里所看到的一切逼疯了，真为他感到难过。为了避免继续交谈下去，我只好说："是的，我想也是。"我天真地以为，幸好自己仍然坚定着信念，但可悲的奥塔却已经没了神智。没料想他继续说："所有走到左边的人都被直接送进那里去了。"话音未落,他便向我道了别。

时间飞逝,集中营的日子千篇一律没有变化。我们要么待在铺位上,要么就在营房外。有时候我们必须站在户外数小时,为了等他们清点人数。有天晚上,一辆黑色卡车突然停在我们军营的前面。男女警卫都用鞭子和棍棒将我们赶上卡车,车门再次用螺栓固定住。我们并不知道他们会将我们运送到哪里。好不容易,卡车终于停了下来。我听见别人轻声嘀咕着,我们被送到了毒气室门口。

他们命令我们下车站在原地等待,由于毒气室正在使用中,我们不得不等到里面清空为止。我们等了一整个白天和夜晚,没有任何食物或水。我只好聚集起身体所有的力量,避免因为口渴和精疲力竭而倒下。

突然,上级军官传来命令,让党卫军立即组织2000名妇女送往东部,这也包括正在毒气室门口等待命运的我们,他们要让我们挖凿沟渠。我们要为谁建防护渠?苏联的军队难道靠近了吗?我们就这么赤手空拳地对抗苏联的铁炮?命运在我们几乎没指望的时候转变了新的方向。我们没有被送进毒气室，而是乘火车向东行进。能摆脱奥斯维辛的暴行，对我们来说是一种奇迹，但党卫队的卫兵们却轻蔑地说："你们很快就会再回到这个地方的。"

我们对目的地毫无头绪，两天后火车停了下来。走出车厢我们才发现自己到了上西里西亚，一个叫做库尔兹巴赫的地方，离布雷斯劳不远。当时已经是十一月了。一阵强风吹来，天开始下雨，不久我们便开始冷到发抖。我们被安置在一个谷仓里，三层铺位很是熟悉。但除此以外，他们什么食物和饮料都没给我们。我们精疲力竭，就这么在冷板子上睡着了。

警卫五点就叫醒了我们，那时地上还结着霜。依旧是什么吃的东西也没有，硬把我们直接带到开渠的地方。地面冻得非常厉害，就连一根叉子也没法插进土里。我们就在刺骨的寒风中待了八个小时，脚上基本光着，头发也被剃光了，身上挂着几片褴褛破布。这场对抗寒冷的不公平斗争击垮了我们的意志，消磨了我们的精力。

12 月下旬，当大地被深雪覆盖后，开渠变得更加困难。这时我们被分配到锯木厂工作，负责运送树干。这本身是马车干的活，而不是身体虚弱、缺乏力气，同时还挨着饿的女孩该干的。我们每天步行十二公里。到了晚上，我们把雪敷在伤口上，但起床时伤口仍然会裂开。每天总有一个或好几个人发高烧昏倒，然后被送往"医疗所"去。那是一个黑洞般的地方，没人照顾也没有药物。

时间滴答滴答地往前走。到了1945年1月上旬，局势仍然没有任何变化的征兆。有一天，我们和往常一样在夜里排好队等待他们的检阅，营地指挥官清点完人数后，发布了一项命令："库尔兹巴赫要进行撤离了。那些住在医院的人不用动，你们其余的人在这里排队，今晚就出发。"

我们一行五人在寒冷的夜里向前行进，身穿制服的德国士兵拿着步枪走在我们身侧。突然，我们听到仍然待在"医疗所"的妇女发出惊声尖叫和哭喊，随后便传来步枪的射击声。

他们开枪杀死了所有的病人。致命的寂静在大地上蔓延。

苏联军队迅速向西部移动。德国人下定决心，要不惜一切代价，防止我们这批纳粹恐怖分子的囚徒，同时也是纳粹暴行的见证者落入苏联人的手中。因此，他们迫使我们迂回西部，进入德国领土。我们离前线很近，白天和黑夜都能听到枪声和爆炸声。但这些声音对我们来说就像是音乐，因为我们有信心苏联人会比我们行动得更迅速，他们很快就会把我们救出来的。

我们不得不继续行军，日以继夜，日夜兼程。一些装满人的卡车从我们身边经过，那些都是从附近村庄撤离的人。道路上到处都是汽车和手推车。缺乏睡眠远比缺乏食物严重。经过三天三夜通宵达旦的行军后，我们几乎都快倒下了，寒冷使呼吸变得更为急促。

绝望之中我们有了一个主意。我们发现人在走路时可以入睡，于是我们便会轮流，让要睡觉的人走在五个人的中间，其他人则会在旁边支撑她的手臂，帮她走路。通过这种方式，我们可以放松一会儿，同时也能让腿部保持机械行走。这样一来可以睡至少两个小时，从而减缓致命的疲劳。

与此同时，队伍的人数开始慢慢减少。没法跟上脚步，或是拖在后面的人，将面临生命的危险。所有脱离队伍，或摔倒在路边雪地上的人都被离他最近的德国人毫不留情地枪杀。

我依然和姐姐莉迪亚在一起。但不久就发生了我最担心的事——姐姐也走不动了，她的身体像幽灵一样地，完全只能拖着往前走。当她挂在我的肩上行走时，她小声说道："我不能走了。离我远一点，你还得继续前进。"但是，在我们的大队伍里有一两个地方可以蒙混过去，如果她能躲好就不会被发现。这就是生存的要领。我严肃地和姐姐交谈，命令她坚持下去。所幸她成功地跟上了我们，大家把她移到一排人的中间，好让她在走路的时候睡一会儿。

一路上走走停停，我们发现最好的睡觉场所是牛车。所以大家都拼命想要争取牛车上的一席之地。躺在肮脏的稻草上，闻着牛车里散发着的牛奶味，享受被动物包围的温暖是一种奢侈啊。我觉得，与动物共度一夜并不是世界上最糟糕的事情。实际上，和动物共处要远低于与人类共处的风险。

队伍里的人在逐渐减少。越来越多的女孩在雪地里走完了生命的最后一程，她们的尸体排成一条线，标记着我们走过的路。1月底，我们到达了奥德河，前后至少花了十天时间。河流很湍急，水面翻涌着大浪和浮冰。队伍停下后，营地指挥官突然出现，并下达了一项神秘的命令：Wer kann：weiter；wer nicht kann：bleiben。我们转过头，思考着这同德尔斐神谕①一样难懂的命令，最后我们终于明白了他的意思："有能力过去的人就继续；过不去的人就留在原地等待"。但他从未解释过"继续"的含义。继续到哪里？还要继续多久？继续之后呢？"原地等待"又是什么意思？苏联人应该很快就会过来了。德国人是要留活口给他们，还是像对待没跟上行军队伍的人那样直接杀了我们？

我感觉自己还有一些力气，便拖着莉迪亚一起走。河上没有桥或渡轮，只有空空的木筏。他们尽可能地把人全都弄上木筏，直到木筏快沉了才不加人。木筏上没有任何可以手抓的地方，湍急的河流

① 德尔斐神谕：3000年前，希腊德尔斐神庙阿波罗神殿门前的那三句石刻铭文："认识你自己""凡事勿过度""承诺带来痛苦"，曾引起无数智者的深思，后来被奉为"德尔斐神谕"。——译者注

将我们从一边晃到另一边。在被海浪和浮冰猛烈地甩荡后，我们终于到达了河的对岸。我们发现，只有大约一半的人幸免于库尔兹巴赫之旅。

我们继续行进了四天，过去两周我们仿佛穿越了半个欧洲大陆。后来我发现，我们已经走了近450公里，身上穿着破布，脚上几乎没有鞋子。最后，到达了格罗斯-罗森集中营的大门口。不论什么地方，只要能住下来我们就很高兴，再次被关在铁丝网后面，对我们来说根本没有什么大的问题。

格罗斯-罗森主要是男子营地。那是一个劳改营，每天都有成排的囚犯经过我们身边，他们要去矿井里干活。他们的身形看起来根本不像人类。身穿条纹外套，头戴监狱帽，一个个像孤魂野鬼似的。毫无表情的眼睛呆滞地注视着我们，仿佛已经不属于这个世界了。

他们活着，但像是死了。死了，却还活着。

夜幕降临在我们的新营地上。一切陷入了沉寂。我睡不着觉，偷偷从营房溜到了附近的山丘，周围拉着一圈铁丝网，静谧的夜晚被寒冷裹挟着。营房外没有人，只有星星对我们眨了眨眼。不，不是眨眼。相反，它似乎在观察我们的一举一动，它看到人类在战争中是多么渺小和荒谬。为了小小的胜利，人类愚蠢地感到自豪。

在格罗斯-罗森待了大约一周后，我们听说苏联军队正慢慢地靠近营地，所以这个营地也要跟着撤离了。这次有火车给我们坐。我们觉得很开心，因为不用再步行了，即使只是露天敞开的牛车，我们也满足了。到达火车所在的月台后，警卫命令我们迅速爬上牛车，还逗留在月台的人也被勒令上车，就这样每个车厢又再挤了四十个人。火车开始行驶，被困在中间的人发出歇斯底里的求救声。当时有一段时间我失去了平衡，怎么也站不起来，只好整夜坐在尸体上。我唯一可以支撑的地方就是把手伸到嘴巴里，搁在牙齿上。

经过五天的地狱之旅，我们在一条小路停了下来，站牌上写着魏玛。车站的工作人员打开了手推车的侧板。几分钟之内，每辆手推车上都堆满了尸体，他们被当作无用的人体垃圾扔掉了。这就是歌德的魏玛，它曾经是德国文化的象征和欧洲文明的高光。那我们这些留在车厢里的人又算什么呢？大伙挺高兴，尸体下车后有了更多空间。

但是旅程还没有结束。我们要在途中转乘另一辆火车到布痕瓦尔德集中营。到站后德国人发现布痕瓦尔德已经住满了，我们只得继续上路。这下我们被带到了一个从未听说过的地方：毛特豪森。原先出发的人已经死了一半，大家对目的地漠不关心。旅程无止境地继续着，我们原以为它永远不会结束，但随后在 2 月中旬一个寒冷的夜晚，火车停在了山脊上的一个小车站，那里的站牌标着毛特豪森四个字。

我们甚至不知道自己身处欧洲的哪个地方。有人认为这是奥地利。为什么德国人在这个关键时刻将我们从一个地方推到另一个地方，而且有时是坐火车、有时是步行呢，没有人能给出合理的解释。我们所能看到的就是每天同行的人变得越来越少。

毛特豪森是建在一座小山上的堡垒，我们必须从车站爬上小山。那是一个男子营地，我们是第一批来这里的女性。除犹太人外，那儿主要关着政治犯。堡垒周围有花岗岩采石场，那就是囚犯工作的地方，当时已有数千人在这里丧生。

但对我们来说，毛特豪森不需要我们做什么工作。显然，德国人只是想找个地方收容我们而已。和以前一样，每天的口粮是一碗汤和一块灰面包。一天要进行两次的人数清点；其余的时间我们都被锁在一栋大楼里。大约一周后，我听说我们将被送到另一个地方，感觉像一群信徒，永恒地朝圣着。我还听到了一些谣言，如果我们指望这是最后一次迁移，那之后的旅程我们就活不下来了。诸如此类的讲法让我们感到恐惧。

不久之后，我们从堡垒列队行进至当初到达的车站。站台上有火车在等我们。出人意料的是，这既不是牛车，也不是煤炭火车，而是一列标有头等座和二等座的客运火车。我们原以为是他们搞错了，但事实证明这就是我们的火车。尽管如此，我们还是像往常一样完全不知道目的地，但离开车站时，我们预感之后的情况会有所改善。

火车有一段路程是行驶在陌生的地区，我们不确定火车开往的方向。但随后我们开始看到标志和车站名称，上面的文字清楚地告诉我们，原来我们身处在德国控制之下的捷克斯洛伐克。"女孩们，我们回家了!",我们大喊大叫,来自捷克的同胞开始唱国歌,"我的家在哪里?"我们打开车窗,对着路上的行人和车站月台上的人们大喊我们是捷克人。可始终没有人回应。我们当时看起来肯定和乌鸦差不多,黑漆漆的。

火车慢慢减速了,巧合的是,它居然停在了我和家人三年前离开特雷津时出发的车站。那儿看起来还和以前一样。我想对莉迪亚说:"我们能不能就这么下车直接回家?"从当时的情形看,这似乎可以办到。但随后火车突然启动,旅程继续……

在出发后的第五天中午,火车算是真的停了下来。火车的导轨没有移动。下车后,我们几乎都认不出对方了。凹陷的脸颊和空洞的眼神,让我们已经失去了正常人的轮廓,同时也失去了生的希望。那是二月下旬的冬日。太阳照耀着大地,但热量很少,到处都是厚厚的雪。轨道旁边的标语告诉我们,火车已经到了贝尔森,箭头指向左边。贝尔森被认为是我进入的所有集中营中最糟糕的一个。

当时的贝尔根-贝尔森已经被成千上万的囚犯挤满了,这些难民都是来自被遗弃的东部地区。有些人乘火车来，有些人步行。只有最坚强的人幸存了下来。我们被安置在一个营房里，那儿有我们熟悉的床铺。日常工作与以前一样。我们五点钟起床，排队被清点人数，然后出发去"工作"，即使没有工作要做也要起床出门，届时会有女党卫军士兵领我们去营地操场，然后在那儿罚站一整天，直到晚上才可以返回营地。更糟糕的是，我们还一边挨着饿。我担心莉迪亚是否能挺过去。

有一天，当我回到营地时，我发现在泥泞中有一件闪闪发光的东西。那是一把厚重的银制餐刀。手柄的最宽处刻有十字准线。它一定是某位党卫军的物品，他们平时都用银质餐具吃饭。后来这把刀还真派上了用处。例如，我在党卫军营房外的架子上发现了食物，正好可以用这把刀切来吃。餐刀和亚诺斯的锡指环给予了我生活下去的力量。

但没料想到之后的一天，回营地后他们突然开始进行身体检查。营地里分管女性的金发指挥官——所有守卫中最像虐待狂——艾玛·格雷斯立即找出了这把刀，并从我的袜子中拉出来，对着我开始大叫："你这犹太贼！你这只可怜的猪！"她奋力地用刀柄击打我，对我拳打脚踢，然后把刀疯狂地扔进了泥里。但是我知道我不能就这么放弃这把刀。在周围的一片混乱中，我往后爬，伸着手去够泥地里的刀，这把刀是我的。格雷斯没有看到我，而我拿到了想要的东西。

伤寒开始在营地流行，所有人都生病了。莉迪亚和我分开后，我半晕眩地从一个营房走到另一个营房去找她。终于我找到了姐姐。她躺在角落里的床铺上，半死不活的样子。看到我时，她的眼睛朦胧地闪着光芒。她握着我的手，求我不要让她一个人待在那里。但是我不得不回到自己的营房里去了。第二天，我尽早地回到了她的营房里，但莉迪亚躺着的那块床板空了，当时她只有十七岁。

当英军于1945年4月15日解放贝尔根-贝尔森时，他们发现了2万具尸体，成堆地散落在营地周围。德军逃走了，但其中一些人被俘虏了。令英国人感到震惊的是，他们真的遇到了一个完全想象不到的人间地狱。英国人使用推土机将尸体推入露天坟墓。其他尸体仍在营房内。我和其中300名感染伤寒的人躺在地板上等死。

我认为人的身体内有某种计算机一样的物质，能够删除其认为非生存所必需的所有功能。在集中营里，我的身体屏蔽了所有的情绪。在贝尔根-贝尔森，战争结束时没有欢笑，没有绝望，没有悲伤，没有感情，没有希望。一切都过去了。你所感觉到的是你仍然可以呼吸，并且心脏仍在跳动。这就是你所有的感受。整个过程非常自然。

　　在贝尔根-贝尔森的最后一天，我听到了与奥斯维辛集中营相同的声音。它清楚地说道："这里就是你生命的终点。你坚持不下去的。"我正好听到了这句话。但这话不是说给我而是说给其他人听的，我当时的反应是："不，我还没有倒下。"在想好这个回答后，我的生命就如奇迹一般，没有人能解释其中的缘由。这仿佛是一种命中注定，命里注定我不会死。是，至少现在还不能死。我躺在地板上，连腿都动不了。但我的内心告诉我，我必须离开那里。有一瞬间，我感到自己的身体可以动起来了，于是我靠着膝盖爬起来了。我知道那不光光是我自己的力气，还有某种神秘的力量。

　　我跪在地上，从营房的栏杆里爬了出去。记得那天夜里繁星点点，我在尸体堆里爬来爬去，突然眼前看到了一盏小灯。我朝它爬去，原来那是一个红十字会站。这地方对我来而言没有什么意义。那房子有两道门。我爬进去，关上门，坐在里面。待在两道门里让我感到无比安全和高兴，终于到了一个避风港，终于再也没有什么事情降临在我头上了。

到了半夜，门开了，灯亮了，一个穿英国制服的军官站在门口。当他看到我时，他说："你知道，军队有它的规则，你不应该待在这儿，严格地说，你不能这么做。"我用我最好的英语，就像母语一般回答他：我什么也不做，我只是坐在这里。我说的的确是事实。他说："对不起，但是你不能在这里。你必须回到军营，因为我们正要把这个营地的人撤离到下一个小镇——贝尔根。轮到你时，你将会一起撤离。恐怕你现在不能待在这里。"我看着他，用我最好的英语说，"我明白您的意思，您有您的规则。但是我怕我回不去了。因为如果我回到军营，明天早上我会死的。但是，如果您将我留在这里，我可以活下来，您知道，您这样做等于救了一条人命。您已经在这里待了两个星期了，所以您看得到这里的人活得毫无价值。但是，如果这违反了您的规则并且您不同意将我留在这里，那么我请您开枪杀了我。好让我死得快一些。"当时的场景就像电影中的情节。他站在那儿看着我。转眼间，他卸下了军事面具，面具下是一张有人性的脸孔。他说："确实。那你待在这里，明天我来接你。"我当时只回答他："你有水吗？"他回去给我拿了点水。那点水比世界上最好的香槟还要甘醇。那是一瓶干净清澈的水，是我在数月甚至数年里都没有见过的水。随后他关上了门。我坐在那里，感到无比的安全和幸运，却不知道我离死亡只有一天的距离了。

第二天早晨，门开了。一辆军事救护车赶到了营地。英国军官走到救护车后面，打开了门。我可以看到四个担架上已经全都躺好了病人。我想，如果他答应帮助我，他会怎么做呢？果然，他找来了第五个担架和一张床单。我穿着奥斯维辛集中营拿到的那件晚礼服。这件衣服我已经穿了六个月了。天很冷，衣服各处都有虫在爬。他把我的衣服撕开，扔到一个角落，然后把我放在床单上，用安全带把我绑在担架上，接着放入其他担架中间。关上门，踩了加速器，我们便跟着车走了。我的头正对着门。救护车的门上有缝隙，当我们离开营地时，我可以看到贝尔森渐渐离我们远去，消失在逝去的时光里。我离死亡就那么近。那时，我感觉自己是阳光下最健康的人。

"他是我的幸运星"，这首歌是我在捷克小镇的家中，从百老汇歌曲中听到的，由弗雷德·阿斯泰尔演唱。就因为这首歌，我开始学习英语，所以我可以和那位军官说话。上车后，我很安全。几个月后，我在福尔克·贝纳多特和国际红十字会的赞助下来到瑞典。我们来到北雪平，他们把我们送到了一家大型现代化医院，每个人都分到了干净的白床单、芬芳的枕头和柔软而温暖的毯子。我觉得自己仿佛从地狱直奔天堂。

我们得到了妥善的治疗和一流的食物，身体状况逐渐得到改善。我记得当时我第一次在大楼外的街道上摸索的情形。在这里，我们不必戴大卫之星，也没有人威胁要逮捕我们。相反，人们会对我们微笑。我的头发慢慢长回来了，渐渐能认出彼此的容貌了。心情也一点点地恢复了，我们开始期盼回家。

来自集中营的幸存者名单慢慢出来了。我又激动又兴奋地读完了名单，希望找到亚诺和我的家人。但他们的名字却始终没有出现。我怎么能在所有挚爱都去世时还苟活在这个世界上？后来的统计数据表明，在奥斯维辛集中营中被"送往左边"的每个人，都被直接带到了毒气室，如妈妈一样。我曾经不相信我在奥斯维辛集中营时遇到的那位特雷津旧相识说的话，他说我的母亲已经"化为青烟"。但事实上他是对的。

我还发现，亚诺说的 1942 年 6 月送人去波兰的"惩罚性运输"，这是德国人为谋杀海德里希而策划的一场复仇。所有人一到达就被杀害了。在被迫离开前，亚诺给我手指戴的那个锡指环，是他留下的唯一遗物。

有一天，一位朋友告诉了我，弟弟吉尔卡的事。1944 年秋天到达奥斯维辛集中营后，他被派往格利维采的火箭弹药工厂。当苏联人于 1945 年 1 月接近格利维采时，他试图逃离，但两名党卫军将其抓获并开枪射杀了他。关于父亲的情况，我一无所知。

因此，除了我之外，家里没有人幸存下来。我们全家都被消灭了。我发现，甚至连我们的家也被陌生人占了。我只身一人待在国外，无依无靠。唯一的财产是亚诺给我的戒指和我在贝尔根-贝尔森的泥地里发现的餐刀，刀柄上刻着十字。三年半里，我一直在努力生存，从未放弃。现在，我虽安全无虞、自由自在，但却觉得自己一无所有，亦无亲人给我活下去的动力。我当时希望，当初和其他人都待在贝尔森就好了。

一段时间后，我遇到了一位捷克女孩——维拉。她曾在布拉格做过舞者，在贝尔森生活过，而且也是一个人。我们成了朋友，彼此的心理状态都觉得比以前好多了。我们讲好在瑞典待一段时间，再考虑下一步该怎么办。最初我们在瑞典南部孔艾尔夫的一家饼干厂工作。然后，我很幸运地获得了捷克斯洛伐克驻斯德哥尔摩大使馆秘书的职位。

有一天，我收到了一封从未听说过的人的来信，那是布拉格的一位医生，名叫 J. 莱德勒。他在营地幸存者名单上找到了我的名字。莱德勒医生写道，他和我父亲曾在奥斯维辛集中营待了几个月。1945年1月撤空营地时，他们离开了奥斯维辛集中营，在死亡行军的两周后，父亲去世了。莱德勒博士在信中说道，父亲非常勇敢，并且还鼓舞他周围的人。他还写道，爸爸经常谈起我。他最大的希望是我能生存下来。莱德勒医生邀请我去布拉格向我详细介绍父亲的情况，我想尽快出发。

碰巧的是，一位使馆工作人员正要开车回布拉格过圣诞节，他的车上正好能再带一个人，便捎我一起回了捷克。当时是1946年12月，当我们开车穿越德国时，我们可以看到仍然处于废墟中的城市。最终，美丽且在战后完好无损的布拉格矗立在我们面前。第二天早上，我去了位于布拉格市中心德洛哈·特里达地区的莱德勒医生的公寓。我走上三楼。在门的左侧有一个白色的门铃，上面有一块铜板，写着J. 莱德勒医生。

那一瞬间，我突然决定不要再听到有关爸爸的任何事情了。我不想知道有关他的苦难，他在哪里死亡，或是有关他去世时的细节。我仿佛可以看到他站在我们原来位于罗基康尼的家门口，向我们举起帽子，并在盖世太保带领他离开时说道："别担心。记住，平静就是力量。"那就是他在我心里留下的记忆。

我慢慢地走下楼梯，走到大街上。迄今为止，我从未与莱德勒医生真的会面。我用这种方式合上了家庭相册的最后一页，并将其深深地埋藏在心底。两天后，我回到了瑞典。当我再一次回到家乡，又是五十年后的事了。

那么我们是谁，人类是谁？我们身体里面住着什么？我们的上帝是什么？是谁的能量帮助我爬出了贝尔根-贝尔森的山丘？那不是我一个人的力量。如果让我总结，那我认为我们人类有一种精神。具体情况可能因人而异。但是我的精神能够与更大的宇宙相连，从而运用了它的能量。因为让我生存下来的，并不只是我自己的力量。而且，我还觉得我们都是宇宙的一部分，在宇宙中没有随机发生的事情。相反，事情会在应该发生的时候发生，我们的生活也是如此。

这使我得出一个结论：死亡并不存在。我们所说的死亡是从一种情况到另一种情况的过渡。而我们拥有的被称为精神的能量将继续存在，只是身体的一部分没了而已。就好像出生时，每个人都带着一台小型录音机，它记录了我们的所有经历。当身体与灵魂分离的时候，录音机就跟随灵魂而去了。我们不知道会活多久，也不应该知道。但是我的经验向我证明，我们是宇宙的一部分，并且对此我们知之甚少。我们的存在就像是一项伟大计划里的一小部分。我不惧怕死亡，并且很期待人生的下一段旅程，虽然我无法从那里寄明信片给你。所以，我的生活很幸福。

我已经同我的过去和解了。我甚至想说，我的经历丰富了我的生活。为什么？因为我学到了并非所有人都能学到的东西，真正具有生命价值的东西。当您步入人生最低谷的时刻，接近死亡的时刻，你原本生活中的东西有什么价值吗？其实有价值的不多。活着、维持人际关系——这就是经验教给我的。物质很重要，但没有那么重要。我们不需要太多，实际上对物质的需要是很少很少的。但是，我们需要思想上的安宁，并有能力去把握当下。

在澳大利亚生活了二十年，我发现大屠杀的经历与我从土著居民那里学到的知识存在着某种联系。在他们的语言中，没有"昨天"或"明天"这两个词，只有"今天"。今天才是最重要的。就像我们现在坐在这里一样。昨天已经过去了。而明天是一个幻想。但是有多少人在把握今天呢？很少。如果你只想着昨天或明天，那么时间都会像水一样流过你的手指，而你却无法真正利用它、享受它。

我今年91岁，身体健康。在某种程度上，人的年龄不会改变，最重要的是人活着的态度。最终人不是在与体力作斗争，而是在与精神作斗争。生存的意愿才是至关重要的，而爱和希望则孕育了这种意志。这两个因素具有巨大的力量。我们人类并不真正知道我们由什么构成或拥有多少力量，因为在我们的日常生活中我们不需要知道它。但是，当危机来临时，我们就会发现我们的内在构造了。

在难民营中有一道鸿沟，直到战后我才明白。那就是受害者。如果你感觉自己像受害者，那么你就成为了一个受害者。它会消耗掉你的精力，让你感到害怕、担心，变得越来越虚弱。最后，当情况变得非常糟糕时，你就会死亡。

我属于另外一个人数较少的群体——观察者。我从没想过我周围发生的事情与我个人有关。这些事和我完全无关。只是我刚好在那儿。所以我环顾四周。我在哪里？这些带刺的铁丝网、警卫和狗又是什么？我并不害怕，因为我不知道该害怕什么。在这样的情况下，我仍然觉得自己足够坚强，可以应付。我采取的方法是在脚的周围画一个小圆圈，并将其视为自己的领土。然后自己照顾自己，接受现状并学着适应。战争结束后，我得出结论，这就是生存的秘诀，也是我当时一直在做的事。肉体上我当时希望自己早点死去。但心灵上，我从来没有想过我会死，这个念头我压根就没有。

当我回首那段时间，从希特勒1933年上台执政至1945年下台期间，从永恒的角度来看待每一件事情①，那么任何事情根本就不再是什么事情。

---

① 原文引用了斯宾诺莎的话：sub specie aeternitatis，是一句拉丁语，意思是每一件事的发生都有其必然性。认识到这一点，我们会清楚地领悟到每一件事都有关联，最后以一种全然接纳的态度来理解世间的事物。只有这样，我们才能获得真正的幸福与满足。——译者注

但如果看看发生了什么，感觉又不同了。那是魔鬼在位的十二年。就像一场席卷欧洲的巨大海啸，留下了无法想象的人间惨剧。我们幸存的人不记得痛苦，只记得日期、事件。所幸没有痛苦。当我回望过去时，我记得那六年中经历的种种，好像我曾经死了，又重生了。现在我有了新的生活，并从各式各样的经历中学到了本领，也获得了宝贵的经验。每一天都是礼物。每个被驱逐出境的人都以独特的心态抵达营地。因此，每个人的反应都不尽相同。在那些年里，六百万人遭到了屠杀。如果每个人都幸存下来，那么就会有六百万个不同的故事。

　　大屠杀不仅是一段历史，更是对我们的警告。

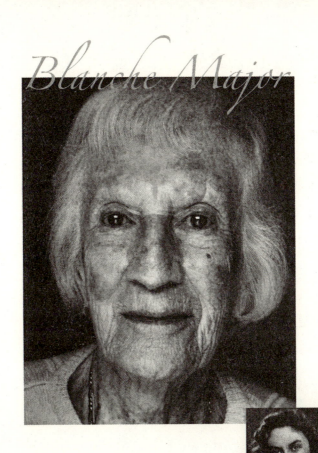

Blanche Major

布兰奇·马约尔

生于 1925 年 6 月 3 日。1944 年春天被驱逐到奥斯维辛集中营，后被送至布痕瓦尔德和斯塔德塔伦多夫集中营。现居奥斯陆。

　　我出生在匈牙利的埃格拉格市。我的父母在第一次世界大战之前已经定居在那里了。他们经营着一家综合商店，并在商店旁边有一个小两居室公寓。

　　第一次世界大战爆发时，爸爸被召到前线。他为德方作战，并在一次战争中受伤。一枚手榴弹在他所躺的战壕附近爆炸，手榴弹爆破的碎片弹落在他的身体上。令人惊讶的是，他竟在这次袭击和整个战争中幸免于难。1918 年 11 月德国人投降后，他得以返回埃格拉格，母亲曾在父亲上前线后继续努力经营着我们的商店。

　　1922 年，父亲和母亲有了一个女儿，名字叫伊波利亚，小名是伊比。三年后，伊比有了一个妹妹，那就是我。我的幼儿时期是一段快乐的时光。庆祝安息日是我们小家庭的一个重要时刻。那算是一个假期，同时也提醒我们是一个犹太家庭。母亲打扫房子，从梳妆台上取来白布铺在家里。点燃祝福蜡烛的也是母亲。

1931 年的一段故事令我记忆犹新。我当时只有六岁，刚开始上学。老师刚刚结束了基督教的课程，那天的主题是耶稣在骷髅山被钉在十字架上死去。我不记得老师当时说了什么。但之后发生的事情，我记得很清楚。放学后，大家很快就来到学校院子里围着我。他们嘴里说出许多恐怖的字眼，都是有关犹太人的龌龊话。一位朋友大喊大叫："布兰奇，你杀了耶稣！"这句话令气氛变得极度不适。

话悬在空中，那一刻我的内心仿佛已经被杀死了。我从没注意到我的朋友和闺蜜都不喜欢我。但这句话似乎包含了一个我不知道的潘多拉魔盒。即使我只是一个小女孩，我也知道这些话背后隐藏的恶意。他们从哪里听到犹太人很残忍的话的？我甚至都不知道耶稣是谁，所以我用尽全力飞速跑回家，向母亲大声喊道："我们杀了谁？"母亲竭尽全力安慰我，但是她如何向一个 6 岁的小孩子解释反犹太主义呢？那是一个痛苦而奇怪的夜晚，我很快就睡着了。

当你被看成异类或是二等公民时，它会对你的内心深处产生影响。你会感到自卑、低人一等。那天我就有这种感觉,并且这感觉一直跟随了我很多年。因此我老觉得自己异于常人。回想起来,我似乎总在思考如何在与他人交谈时保持小心谨慎,我认为这么做很重要,尤其是当着孩子面的情况下。

在随后的时间里,我们家变得越来越孤立。我们曾经在埃格拉格感到很安全。但是现在,其他孩子和我们家的孩子之间,有了隔阂。

在埃格拉格完成学业后,我搬到奶奶家那边,继续上初中。奶奶住在匈牙利西南部的佩奇镇。我在这个城市过得很舒心,那儿对我来说就是一个新世界。佩奇是一个以文化传统闻名的老城区。不同宗教信仰的人们在那里和平共处,不论基督徒、穆斯林,还是犹太人。有些犹太家庭在那里住了几代了。他们的职业是工匠和商人,虽坚持自己的传统,但同时也渐渐被匈牙利文化同化,并为其感到自豪。

作为大多数青年,我和我的朋友们也担心我们周围正在发生的事情。我记得许多人抵抗自称为国家社会主义者的新德国运动,该运动在阿道夫·希特勒上台执政后由他亲自领导。但是我们觉得从佩奇到柏林还很远，所以我们试图摆脱这种动荡的局面。

正如我所说的那样，我在佩奇结交了新朋友，并在新的学校和新的环境中度过了一段愉快的时光。我有个新朋友叫乔治，他的全名是乔治·梅尔姆斯坦。乔治是当地犹太教堂办公室主任的儿子，我们很快就对彼此有了好感。一天，有个坏消息传来，他将被送往东线。匈牙利已与德国结盟，1941年德国进攻南斯拉夫和苏联时，匈牙利也被动员起来了。当乔治在1942年被强行送往东部时，我感到非常悲伤。

战争需要年轻人派上用场，犹太男孩甚至被强迫去匈牙利的劳动大队劳动。但是在这个时候，却不允许他们穿与匈牙利人相同的制服。他们不得不在手臂上统一佩戴黄丝带，头上还必须戴顶帽子。他们的服装才算"统一"了，这样所有人都可以清晰地辨别出谁是犹太人。短时间内，将近六万名匈牙利犹太人被派往东部，但却无一人事先知道将被派往哪里。在前线，他们也没有受到和其他士兵一样的欢迎，匈牙利人对待他们的态度，常常反而比德国人更恶劣。

东线的匈牙利犹太人死伤惨重，只有大约 5000 人返回家园。许多犹太男孩已经被送往毛特豪森集中营，在那里他们被迫在采石场从事艰苦的工作。乔治千方百计地幸存了下来，并在前线作战 17 个月后返回家园。他亲眼目睹了好多朋友被杀害处决，或因饥饿、疾病死亡，或被驱逐到其他营地。当我终于再次见到他时，他的体重不到 40 磅。劳改营的生活使把他的身体磨成薄薄的一片纸。

1944 年初，希特勒对曾经是他的盟友国家开火。他认为匈牙利之于德国，与其说是"真正的朋友"，不如说更像是一个中立国。1944 年 3 月 19 日星期日，纳粹德国占领了它的盟国。

此后，犹太人的处境迅速恶化。从最初的反犹太法规到被驱逐出境，时间并不长。但是说实话，新建立的政权不必付出太多努力就能折磨我们。我们许多同胞，尤其是箭十字党派的成员①，都迫切

---

① 箭十字党：为匈牙利的极右组织。本为 1930 年代匈牙利的种族主义运动，仿效德国纳粹党。后来在 1935 年组成其前身"国家希望党"，1939 年改组为箭十字党。——译者注

地想要执行侵略者的命令。人可以忍受敌人对自己坏，但是如果施暴者是你身边的朋友，那感觉更糟。在那些日子里，匈牙利人民灵魂的阴暗面越发凸显。许多人仿佛逮住了清洗犹太人的机会。

在那个关键时刻，我们原以为的朋友却背叛了我们，这样的经历令人深感痛苦。在埃格拉格，父亲和母亲渐渐难以忍受周遭的环境。他们不能继续正常生活，因此不得不前往佩奇，去亲戚那儿寻求庇护。

当时谣言四起。有人说到处都有犹太人被捕，然后被送到各个难民营并被灭绝。我们无法相信被视为具有欧洲高度文明的国度——德国会这么做。在一个培养了众多作曲家、作家、哲学家和文化名人的国家里，竟然会发生这种事。简直不敢相信受文明熏陶的人会犯下这种暴行。回想起来，历史证明谣言都是真的。

仅仅三周后，更具体地说是 4 月 6 日，匈牙利推行了一项政策，这意味着所有犹太人都必须佩戴大卫之星。此规定适用于所有六岁以上的犹太人。这么一来，分辨犹太人与其他人变得容易得多了。

大卫之星就像一张邮票，证明任何人都可以随心所欲地对待我们。同时，黄色的星星表示我们与众不同。根据纳粹的意识形态，我们是排位最末的犹太人，就同过街老鼠和蟑螂一样，被称为欧洲的害虫。

有一条谣言很诡异，说是很快就要逮捕未婚的犹太妇女，并将其送到德国的妓院。当时我只有19岁，对这些传闻感到非常恐惧。我很害怕这种事落到我头上，我最亲爱的乔治也同样感到忧心忡忡。所以家人很匆忙地为我们安排了一场婚礼。1944年5月4日，我们正式结婚。有一段时间我们觉得稍稍安全一些了。但是现实的阴影很快就笼罩在我们身上。

佩奇被占领后不久，佩奇郊区的三条街道被封闭。军队的士兵带着大铁丝网在路上奔跑。他们迅速有效地开始布网，并在很短的时间内将街道围了起来。佩奇建立了自己的犹太人居住区。不久之后，德国政权的追随者们就拜访了所有的犹太家庭，他们手持武器，命令我们搬入犹太人贫民窟居住。大约3000人被压缩在一个狭小的区域中。

进贫民窟的第一天，那情形至今历历在目。我们只有 30 分钟的准备时间，他们只允许我们打包 25 公斤的行李。该带些什么呢？同一个街区的人站在街边仔细打量着我们，毫无疑问，他们肯定觉得终于摆脱我们了。之后就要跟着卡车驶入贫民窟。到达后，我发现里面已经住满了犹太人。

在贫民窟里，每个家庭只能分配到一个房间，日夜受匈牙利警察的监督。我们变得一文不值，在被他们四处追赶时，我切身地体会到了这一点。我们就像危险的罪犯，必须隔离起来以保护社会的安危。由于不被允许工作，我们的经济状况急转直下。同时，我们的活动范围被缩得越来越小。情况每天都在恶化，但是我们对侵略者的下一步计划却一无所知。面对铁丝网的囚禁和武装警卫的监视，我们几乎无能为力。

但即便如此，我们仍努力让日常生活正常运转。曾经的老师尽最大可能去教孩子们知识。拉比竭尽所能在极其简陋的条件下继续开展宗教活动。到了晚上，有时人们设法偷偷溜出去弄些土豆或面包来帮助家人对付饥饿。

贫民窟内的情况日益窘迫。连脚指头都能感觉到生活的不安。我们听到的话都是真的吗？他们会把犹太人送到大型的灭绝营地吗？1944 年 6 月 1 日，匈牙利宣布将所有 19 岁至 45 岁之间能工作的人送往第三帝国进行强迫劳动。乔治是其中之一。

　　我们俩一致认为应该按照犹太人的传统结婚。婚礼是在犹太贫民窟内进行的，拉比做了我们的见证人。那是一个美丽的初夏时分，距我们正式结婚后刚过一个月。新娘礼服的颜色通常都是非常鲜艳的，而且会佩戴大量的金银首饰，以带有绣花的银币或金币的缎带最为常见。但是我当时却只能穿着黑色的连衣裙和白色上衣结婚。唯一的一抹亮色是被强制佩戴的黄色大卫之星。

　　我们在一起的日子并不多。仅两天后，党卫军士兵就冲进了贫民窟，并赶走了包括乔治在内的年轻犹太男性。从那时起，我们之间的联系就断了。我不知道他被送到了哪里，也不知道他是否还活着。有许多谣言在社会上传播，生活在日复一日中充满了不确定性，这是一种折磨。

　　在 1944 年被入侵之前，匈牙利一直是犹太人的避风港。在波兰开始驱逐犹太人出境后，许多波兰犹太人逃往匈牙利。他们讲的故事是如此残酷，以致于许多人拒绝相信。简直太不可思议了。我们不能理解，这些长着人类外表的纳粹居然如此仇视犹太人。可能是因为这样我们才不愿意面对真相，更倾向于不去理会。在我的内心深处，我认为我们不会被驱逐出匈牙利。

但是我错了，完全错了。不久之后，第一批运输从犹太人居住区开始。没有人知道驱逐的终点，只是告诉我们在任何时候都可能会出发。犹太贫民窟的人数现已增加到 4000 多人，卫生条件大大恶化了。

6 月的最后一个星期，留在贫民窟的我们突然被要求搬进营房。这是为了能更方便地驱逐我们，届时只需要把最重要的东西带到营地里。我们住在一个马厩里，七个人共用一个隔间。没有人会费心去清理马匹，所以我们只好整齐地躺在稻草和马粪里。

我们觉得当儿童和老年人都要搬入集中营时，那灾难性的事情就不可避免了。毕竟他们无法做任何工作。我们的处境很艰难,许多人都出现了精神问题。一直以来,我们都被扛步枪和牵护卫犬的士兵监视着。

结婚后的第二个月,7月4日,星期二,党卫军部队的车驶过佩奇的街道,转入贫民窟,停了下来。现在该轮到我们被驱逐了。管事的指挥官站在我们面前,命令我们将行李打包到手提箱中。我们只需要带最重要的东西走就行。

我记得很清楚这段特殊的时间里发生了什么。应该带些什么?我们又要去哪里?谁也没有想到我们会被遣送出国。我本以为我们要去劳工营,所以拿了一件蓝色的连体工作服放在手提箱里。我想,当我去新地方工作时,穿这身衣服会很合适。

贫民窟的生活潦倒落魄,他们这么做就是为了制造恐慌。我们被命令列队走到城市的火车站。直到今天,我仍然可以清楚地回忆起当初的一切,记得我们是如何被驱逐,记得队伍里的儿童和成人,记得害怕和不确定的未来还有什么在等待着我们的感觉。在车站,我们不得不将所有的贵重物品交给士兵。这些东西被堆放在盖世太保面前摆放的桌子上。他们会对我们做全面的检查。当发现有人试图隐藏贵重物品时，他们就会拳打脚踢。好几个人被打得面目全非。

我和家人一起被送往未知的目的地。全家一共有 35 位成员。最小的是一个 5 岁的侄女，最大的是 92 岁的祖母和 82 岁的外祖母。我们全家人聚在一起，包括爸爸妈妈和妹妹。只有我的丈夫乔治不在。噢，我好想他，想念他身上散发的安全感。但是我不知道他身在何处，也不知道他是生还是死。

火车头开始向前滚动。在车头后面，连着五十节车厢。在月台的时候，我们拼命地凑在一起好不被分开，同时还能保护最小的孩子。但是所有的事情都猝不及防。他们用德语和匈牙利语对我们咆哮着，那些反应不够快，或无法听懂命令的人就要面临被虐待的下场。我们像牛一样被强行推入车厢。"牛车"是他们爱用的字眼。每节车厢要挤 70—80 个人。

我和姐姐伊比还有爸妈上了同一节车厢，其他人则上了别的车厢。士兵们设法把所有人都动员到车上，直到门后面砰的一声响，我们才知道是怎么一回事。令我们感到害怕的是，我们发现车厢的门没办法从内部打开，简单地来说就是我们被困住了。四周传来的吵闹声和躁动声，让我觉得自己要窒息而死了，然而这时，我们的旅程才刚刚开始。

火车突然晃动起来。整个车上大约有 4000 人，每个人都装着自己的故事。从新生儿到老年人，所有年龄段的人都有。但是我们有两个共同点：第一我们都是犹太血统，第二我们都走上了被灭绝的道路。但当时的我们对此却一无所知。

车厢上没有地方给我们坐，只能直立站着。火车日复一日地开着，我们没法呼吸新鲜的空气，也没有水喝。从佩奇出发时，天在下雨，但渐渐地，令人窒息的夏季酷热弥漫着整个车厢。每行驶一英里，情况就变得更加艰难。士兵们只放了两个桶当作我们的厕所。几个小时后，桶就已经装满了，火车每次转弯，桶就会翻倒出些什么，离桶最近的人就显得很尴尬。我现在仿佛仍旧可以闻到车厢里散发出的恶臭。

门开了，我们对眼前的一切毫无准备。那个地方叫奥斯维辛—比克瑙灭绝营。月台上站着剃光头的男人，身穿条纹的监狱服。他们接过我们的行李，并向我们保证，会尽快将所有物品归还我们。武装的党卫军士兵和纳粹军人在月台上用德语指挥着我们："快点！快点！"穿着讲究的牧羊犬加入他们的队伍，更营造出一种令人不适的气氛。那些不能及时下火车的人立刻就尝到了猎枪的滋味。

在火车站的周围有很多瞭望台，所有瞭望塔上都有士兵看着，而且都配备了机关枪。铁轨两侧都有带刺的铁丝网，眼睛所及之处，可以看到那后面坐落着一排一排的营房。一些已经死亡的老年人被留在马车内。到站后他们将被扔下火车，装到卡车上。当我闭上眼睛时，我可以一遍又一遍地回想起那个场景，就像不断播放的电影一样，还能听到他们身体撞击货车时所发出的可怕噪音。

他们让我们放下行李，然后分两排站立，一队是男性，一队是女性。接下来就到了分类的时候了。那时我还不知道这将是场永久的告别，我们再也见不到彼此了。一切发生得如此之快，以至于我记得我唯一见过的家人就剩母亲了。

我永远不会忘记母亲和我分别时的表情。母亲虽然只有 52 岁，但她病得很重，舟车劳顿几乎让她的身体垮了。她最后一次出现在我眼前的模样，是在和其他人走向毒气室的时候。我不知道她去那儿之后发生了什么，因为当时去毒气室的人里，没有幸存的目击者。所以没有人能透露真相。

我没来得及跟她说再见，也没能和她拥抱。那个画面仿佛永远定格在视网膜上。我不止一次地希望能删除这份记忆。但就是办不到，它仿佛刻进了我的脑海里。

同样地，我也没机会对父亲或祖母说什么。后来我了解到，那天他们与成千上万的犹太人，在营地的一个毒气室里相聚。1944 年 7 月 7 日成为他们生命的最后一天，也是他们在奥斯维辛集中营的第一天和唯一一天。

他们成了当天的献祭品，化成了烟囱里的烟灰。一名英俊的男子突然引起了我的注意。他穿着挺括的制服，旁边跟着一只牧羊犬。显然，他是这里的指挥官，我原以为他会给我们一些怜悯。但令我最意想不到的是，就是这个人将我 33 位亲人送入了毒气室。他眨眨眼，便把爸爸妈妈派到了左边，我原本以为他的意思是在千辛万苦的旅途后把他们带到一个可以休息的地方。我竟然会错得这么离谱。

这位打扮精致的男士原来就是约瑟夫·曼德勒。他和几名纳粹军官在乘火车来的犹太人中寻找双胞胎。他们已经学会了匈牙利语中双胞胎的说法，当他们看到长得相像且靠得比较近的孩子时，就开始大叫"伊克雷克！伊克雷克！（匈牙利语中的双胞胎）"。我知道那些母亲之所以把双胞胎孩子放在一起，是希望他们能互相扶持，绝不会想到双胞胎会被用于曼格勒医生及其工作人员的"医学实验"中。

"挑选"的过程一结束，我们就被咆哮的士兵赶走了。我和妹妹被送到右边。记得当时有穿着条纹衣服的男人和女人走过我们身边。他们看起来很丧气，没有说什么，只是看着我们这群新来者。此情此景，当时的我并不知道我们会被当做奴隶劳工，直到将我们最后的一点力气榨干为止，等那天来临就轮到我们进毒气室了。当时的我也全然不知，在我们周围漂浮的黄色烟雾其实来自火葬场，那儿的焚烧炉二十四小时不停地燃烧。夜晚，烟囱管里传来大火的噼啪声，在营房的外墙上投下诡异的橙红色阴影。我们可以闻到肉在烧焦时散发出的甜味，但是我们都没意识到那代表了什么。

我们不配拥有名字，数字就是我们的代号。"挑选"之后我们被送到更衣室，那儿的党卫军命令我们脱光衣服。她只给我们两分钟的时间，一直盯着手里的表看，随时准备惩罚那些无法在规定时间内脱光衣服的人。士兵们则围坐在我们周围架着枪支。

我们可以继续穿自己的鞋，被驱赶到隔壁的房间后，我感觉身后有人经过，猛地一把抓住了我的长发。接着便是刮胡刀的嗡嗡声，下一分钟，他们便剃掉了我身上所有的毛发。我们没有任何反抗的权利。他们剥去了我们的衣服，给了我们一条裙子。但奇怪的是鞋子却可以继续保留。

之后我们被分到了不同的小组，我和伊比设法进了同一个小组。连同我们在内的 700 名妇女一起被安置在军营里。板床没有地方了，因此我们不得不直接躺在营房的地上睡觉。我们没有床垫，也没有毯子。墙上贴着一句标语，上面写着："身上有一只虱子你就死定了"。我们应该尽快消化这些话的意思。警官和警卫都害怕被囚犯感染虱子，要是有谁得病了，就要被赶出去。

那是一个漫长的夜晚。脑子里一直有各种想法在打转。我的思绪回到了匈牙利和佩奇。亲爱的乔治在哪里？他也被安放在这样的营地吗？想到这儿，我睡不着了。到营房的头几天里，所有人都像是惊弓之鸟。

每天早晨，我们被警卫的高声喊叫（"起床！"）所吵醒。然后我们便快速穿好衣服，并试图将自己洗漱干净，但是洗衣房的条件颇为残酷，那儿既肮脏又拥挤。厕所就是一排排散发臭味的长坑。我们只有仅仅几秒钟的时间，但尽管如此，那儿总是排着长队。

接着就到了清点人数的时候，每次都需要站上好几个小时，还得和两侧及前后的人保持一臂之遥。穿着制服的军官在周围监督着我们。军营内痢疾盛行，有些囚犯不得不在夜间使用食盆或洗手间。第二天早上，这些使用痕迹都必须清理干净，不能让守卫发现。

不论他们要求我们做什么，总喜欢要求我们加快速度。狱警会残忍地用鞭子抽着我们向前走。营地里有许多女党卫军，事实证明，她们比男党卫军更具虐待狂的潜质。只要有人稍微闲逛一下，她们就会立即用拳头迎上去。不论男女老少，人的生命在她们的意识里毫无价值。

我和伊比都怀着美好的憧憬，希望有一天能够重回匈牙利。回家是为了告诉外界我们在这里所遭受的非人待遇。最重要的是，我们想再次见到那些仍然在世的亲人。这种强烈的愿望是帮助我们度过俘虏时期艰难日子的一种动力，它鼓舞着我们生存下去。

我从前的几位好友也在营地里。我们一伙总共六个人，全心全意地帮助彼此、鼓励彼此。尽管我们已经察觉到周围的暴行，但我们很少谈论这些事，也很少聊已经去世的人。我们会讨论各种美味佳肴，分享菜谱，并对回家后的第一顿大餐做了周详的计划。我们一直在努力寻找对营地生活有益的东西，每分每秒都在拼命生存。不知何故，我们不敢奢望除今天之外的其他东西。

尽管食物糟糕透顶，但更有经验的囚犯建议我们还是必须吃饭，因为我们需要所有争取得来的食物。早晨他们应该会给我们 200 克面包，中午的时候会给我们些奶酪就汤喝。我花了好几天才适应这样的饭菜。很快，我发现除了强迫自己吃下这些东西外别无选择。

让人感到惊恐的是，大家的身形愈发干瘦。如果太瘦，可能会在"挑选"时冒风险，说不定会被直接送入毒气室。这样的"挑选"通常每月进行一次。在一个又一个的街区中，囚犯们不得不脱光衣服并赤裸裸地经过纳粹军官的身边。他们拥有生杀大权，在本子上做着小小的笔记，那几行字决定了我们是否有继续工作的权利。毫不奇怪，当宣布要进行"挑选"时，我们感到无比恐惧。除了担心自己变得太瘦之外，饥饿时时刻刻都是我们的噩梦。最终，挨饿成为了一天 24 小时内都必须要遭受的身心折磨。

8 月 11 日，在到达集中营的第五周后，我们注意到营地党卫军开始变得忙碌起来。土坑厕所是最没有人干涉的谣言聚集地，一直有消息说第三帝国要崩溃了。在当天的"挑选"中，我们被勒令报名参加工作。制造武器的德国工厂总共需要1000名妇女。我永远不会忘记等待纳粹审判时，大家惊恐而激动的面孔。谁会被选为有能力继续工作的人？我们的命运完全由医生掌握。我们是不是都成了鬼样？是否已经羸弱到无法再工作了？

曼德勒从头到脚地审视着我们，不时做些笔记，人群里鸦雀无声。检查完后，我和五个好朋友都被选为能工作的人，这真是令人欣慰。接着他们让我们去洗澡，还给了我们一身灰色的连身裙。洗完澡他们还带我们去参加了一场新的演出。他们平时就热衷于清点人头，在人数和手里的数据相符前决不罢休。人数没问题后，党卫军急匆匆地把我们赶上了卡车。我们还没站稳，他们又开始第二轮清点，核对无误后卡车出发了。卡车和火车总共开了三天。我们坐得很近，但好在不像"牛车"上那样挤。跟随我们的警卫并非党卫军，而是德军士兵。令我们惊讶的是，在运输过程中我们竟然有水和面包。这太新鲜了，完全出乎意料，但是我们对此没有多想，只是觉得既来之则安之。

三天后，我们在布痕瓦尔德监狱营地进行了登记，然后从那里转到柏林西部斯塔德塔伦多夫的一家弹药厂。斯塔德塔伦多夫是一个强迫劳改营，四面都有警卫。但他们并不像奥斯维辛集中营的党卫军士兵那样残忍。为了防止盟国发现并轰炸这里的工厂，整个厂房都伪装成大土墙，上面种着爬墙科的树木和灌木。12 小时的工作非常辛苦，但是在武器工厂工作无疑挽救了我的性命。弹药厂内部的实际工作既繁琐又危险。我们制造的是有毒物质炸弹，全身没有任何防护装备。生产中使用的危险品，三聚过氧丙酮，使我们头上长出胡萝卜色的小毛发，身上长出棕色的指甲。

因此，我从事的就是生产德国作战需要使用的武器。但同时，我深谙其他囚犯在车间的小动作。我们经常会"遗漏"一些重要零件，那么这样武器就没有用了。大家都很乐意这么做，算是我们为对抗这场疯狂的战争所作的贡献。

我和其他三名妇女负责堆放 150 公斤的炸弹箱。那箱子不仅非常沉，而且相当危害健康。每天的食物配给是一小块面包和一盘汤。准确地说，如果他们想使坏，汤可能就是含有一些小菜渣的热水。即使工作吞噬了我们的所有能量，靠这点东西我们还是能撑下去。然而，在这里，也有很多人离开人世。

秋天来了，天气开始变得寒冷。囚犯是没有内衣和袜子的，每天早晨必须步行四英里去上班。薄薄的布裙没有任何热感，但幸运的是，轻薄的高尔夫夹克穿在身上能稍微有些暖意。我们想办法往木屐里塞满布条和纸条，希望能让它变得保暖一点。但这对冰冷刺骨的寒风来说，根本无济于事。人可以习惯饥饿，但却习惯不了挨冻的滋味。

即使冬天严酷，我们还是坚持熬了过去。寒冷是对没有取暖装置的兵营的一项测试。有时我们很好奇，我们到底会被炸死还是冻死。战争即将结束的消息使我们内心感到真正的温暖。从党卫队的行为举止上，我们可以感觉到，很快就要有大事发生。3 月 26 日，德国士兵显得非常慌乱。当我们站在雪地里瑟瑟发抖时，他们发布了撤离的通知。当时的情况非常危急，他们的命令是"不行军就直接枪毙"。看来劳改营要清空囚犯，不能让任何目击者活着。

于是我们开始踏上了行军的路程。成千上万的战俘在冰天雪地里行走。在盟军的飞机进行炸弹袭击后，我们在几处被摧毁的道路上奋力前行。天气很冷，气温降至零下 20 摄氏度。我们身上没有任何能够抵御严寒的衣服，除短裙一无所有。还有很多人不止长筒袜，就连鞋子也没有。许多人无法承受行军的压力，慢慢脱离了队伍。还没有走多少英里，就有第一批人倒下了。由于无法继续而自然倒下、或被枪杀的，男女皆有。

经过数小时艰难的行军后，我和伊比还有其他一些人决定尝试偷偷溜走。当我们接近茂密的森林时，机会来了。我们设法在恰当的时机脱离队伍，尽全力快速跑入森林，绝不回头。幸运的是，整个过程一直很安静。我们在漆黑的夜晚环顾四周，希望能找到一丝光线。就在这时，我们听到了枪声。

在树林里待了近两天后，一阵强劲的引擎声突然慢慢靠近了我们。看来森林的另一边是军队和坦克。当我们发现对方是来解救我们的美国士兵时，我无法描述内心的波澜。我们终于要得救了。重获自由的感觉难以言喻，但随着局势愈发明朗，我们渐渐释放出内心深处的喜悦。我们不仅能穿上暖和的衣服，还有巧克力吃，那味道真是棒极了。隔了那么久，终于可以吃上有营养的餐饭了。要知道当时的我只有 35 公斤。

获救后，我们沉浸在幸存的愉悦中。没有人谈论我们的过往。现在我已经不记得，当时的我们是否有询问过家人的下落，并不是我们不在乎，只是我们实在太欣喜若狂了。直到很久以后，悲痛才降临，我开始对家庭其他成员包括乔治的遭遇做认真的思考。当初，纳粹在奥斯维辛集中营的站台将我的家弄得四分五裂，以至于我对他们的下落一无所知。

幸存者们无处可去，所以盟军在弗赖伦霍夫市给了我们一块可以安身立命的地方。我们穿着新衣服在街上跳舞，那场景仍历历在目，那天的气氛也很高涨。我们突然被当作人来看待了，不必听到党卫军无休无止的咆哮声，"快点，猪狗一般的东西"。相反，我们被美国士兵称为"女士"。这个称呼让我仿佛重获新生。

　　我们在弗赖伦霍夫一直待到八月。但是早在 6 月份已经有一辆红十字会的专车传来了我家乡的消息。我们激动地赶到红十字会代表处，希望他们能带来一些好消息。可我千辛万苦得到的，却是我一直以来最不愿意听到的消息："布兰奇，您家族的其他成员都丧命了。与您一起被驱逐的所有 33 位亲属都在奥斯维辛—比克瑙被杀害了。只有你和伊比幸存了下来。"

　　那是沉重的一天。请别问我当时是什么反应。我承受不了回忆那情景的压力，事实上我从来就没有真正接受过这个结果，仿佛它的记忆已经被我擦除。我不知道我是否哭了。但这也不重要。如果换成你，你会作何反应？我所有的亲人都被纳粹的杀人机器给歼灭了。

　　几天后，弗赖伦霍夫有了一份在战争中幸存下来的犹太人名单。我知道我的家人已经无可挽回地离开了这个世界。但意外的是，我看到了两个堂兄和乔治的名字。看到乔治出现在名单上时，我无法形容内心的感受。原本百爪挠心一般的焦虑突然消散了，我满心盼望地和他重逢。战争结束时，他设法逃离家乡来到了瑞士驻布达佩斯的使馆，并在那里获得了政治庇护。

我火速赶去匈牙利，在那里我找到了乔治。再次看到他时，我有些异样的感觉，毕竟我们的婚姻非常短暂。像许多犹太年轻人一样，我们也梦想着去巴勒斯坦定居，在那里开始新的生活。反正我们还很年轻，在这世界已了无牵挂。

战争夺走了我们的青春年华，但后来我们发现就连匈牙利也没有我们的容身之处，作为犹太人，我们并不受欢迎。渐渐地，我们明白了，要在与纳粹同盟的国家中生活并不容易。尽管如此，我们还是很幸运。我记得有一天乔治自豪地告诉我，他在佩奇搞了一间小公寓。有一段时间，我们感觉自己仿佛来到了天堂。但琐碎的生活很快就把我们拉回了现实，在一个不受欢迎的国家，很难找到平静的生活。

我们本想移民到巴勒斯坦，但在离开边界时出现了问题，最终我们不得不放弃了这一计划。后来我们有机会申请前往奥地利的难民营。可我正巧怀孕了，情况突然发生了变化。为了抓住机会，我和姐姐想办法先从匈牙利出发，抵达转运营地后，一步步来到德国温德斯海姆营地。这地方就像一个中转站，该营地由盟国创建，旨在为犹太人和大屠杀后的无国籍人士提供庇护。

1946年，我在这个营地生下了彼得。如此一来，我们就成了三口之家。可不变的是，我们仍然是无国籍人士，没有一个国家愿意接收我们。之后，我们和来自不同国家的人们在一起生活，时间长达一年。那一年感觉很长，因为我们对周围的一切都怀着不确定感。

走投无路后，机缘巧合下我们获得了去挪威旅行的机会，伊比也和我们一起。离开德国踏上去挪威的旅程真的完全是凑巧。当时正好有一艘船经过，经过商量我们决定跟船出发，并打算在挪威定居下来。事实上，我们既不了解挪威，也不知晓当地的语言，但情况不容我们犹豫，对于奥地利的生活我们也没有任何留恋。

就这样，我们坐着部队的运输船斯瓦尔巴德到达了挪威。起初我们被安置在哈尔登的伊赛德。由于战后劳动力短缺，乔治在哈尔登的造纸厂找到了一份工作。

哈尔登有一所临时学校，由奥尔登校长领导。我们中最早去学习挪威语的是伊比。乔治有工作要做，甚至还需要来照顾我。过了一阵子，伊比在奥斯陆的一间裁缝铺谋得了生计，之后便搬去了那里。再往后，乔治、彼得和我也一起搬到了奥斯陆。我们一开始住在松恩湖旁德国所建造的军营中。尽管冬季屋顶会漏水，地板会结冰，但总体上还算令人满意。不论如何，我们总算有了一个住所，新的生活指日可待。

我们在这个军营里一直住到 1951 年。之后我们搬去了乌普萨尔，那儿最初是专供犹太人使用的住宅区。在申请获批住房贷款后，我们曾度过了一段美好的时光，也慢慢结识了住在当地的挪威人。尽管住所被称为"犹太建筑"，但我们从未遭到任何人的骚扰。

伊比遇见了阿恩·科尔斯莫，两人于 1951 年完婚。1956 年，我和朋友开了一家私人儿童公园，协同经营了 16 年。后来，我在交通运输部工作了

20 年，终于帮家庭置换了更大的公寓。乔治则在菲利普的挪威分公司工作。1987 年他退休，同年查出患有心脏病。在度过了一段宁静而美好的退休时光后，乔治于 2001 年去世。我的生活仿佛有一束光暗了下来。我们共同经历过悲伤、伤感和痛苦的岁月。然而我们也一起度过了新生活的日子，并将过去的创伤放在身后。我对乔治留给我的所有美好回忆感到欣喜和满足。

尽管生活过得不错，但我们仍然背负着战争和集中营留下的伤痕。我们曾在挪威拜访了精神病学教授利奥·艾廷格医生。他本人曾在奥斯维辛集中营当过囚犯，并在战后竭尽全力地帮助难民。多年以来，我始终在心中压抑着奥斯维辛集中营的记忆以及在那里所遭受的苦难。但在 1980 年，我对艾廷格提出的所谓 KZ 综合征（集中营综合征）感到震惊。奥斯维辛集中营仿佛又回到了我身边，尤其是在晚上。一个接一个的细节出现在我眼前。我仿佛又坐在那辆牛车上，来到了奥斯维辛集中营。

80 年代末，我开始变得焦虑起来，心想是否能再去奥斯维辛集中营看看。我和伊比谈过此事，但她不接受这个提议。乔治对此也不感兴趣。他曾为战争中所受的伤痛而苦苦挣扎，对过去他只字不提。虽然他会尝试聊一些他在东线的经历，但没说几句他就开始沉默，甚至大哭起来。最后，他还是选择将身心所遭受的暴行全都埋在心底。

有一天，乔治在《晚报》上读到一则小广告。里索地区有一帮积极分子，想带之前的幸存者返回集中营，这个项目由一位德国出生的女士发起。那名女士名叫赫尔嘉·阿恩岑，是她提出了"白色巴士"的主意。1992年8月，我和她以及70名里索中学的学生一起踏上了旅途。

当我再次进入奥斯维辛—比克瑙的大门时，有一种不可言说的感觉。这曾是我失去家人的地方，是他们的墓地。多年后，再次站在"挑选"的月台上，我的心情相当沉重。回忆涌上心头，我仿佛又回到了1944年7月7日。那个月台是我最后一次见到母亲的地方。我的父亲、叔叔、阿姨、祖母、外祖母以及七岁的拉齐和阿吉，都在此失踪。

这次旅程对我个人来说很重要。除此之外，我也有义务向同去的年轻人讲述当时发生的故事，这就是旅程的意义所在。旅行给了我希望，尤其是当我看到年轻人在目睹眼前景象后的反应。他们中有许多人都读过营地的相关书籍，但是只有身临其境，他们才终于明白文字背后的分量。

在经历奥斯维辛集中营和纳粹暴行的我们都离世后，是时候轮到年轻人来讲述这些故事了。和里索地区的年轻人一起度过的那几天，让我对未来充满了信心。

献花后，我们集体默哀了一分钟。如果我们要为600万被谋杀的犹太人逐个默哀，那需要整整十二年的时间。

为什么我能幸存下来？我不知道，我也无法给出一个完整的解释。但是我有一个一直盘旋在脑海的想法，那就是将真相传递给下一代，告诫他们勿忘历史。战后我所遇到的最令人愤慨的事，莫过于有人宣称毒气室是一派胡言，并污蔑这是犹太人的宣传手段。有时，人千万不能太天真了。奥斯维辛集中营的存在旨在用机械的方式灭绝某一种族，此暴行由人类一手策划。幸存者应尽其所能为人类见证。我会像埃利·维塞尔那样说："遗忘会使敌人取得最终的胜利。"

我们虽然不能改变过去，但我坚信更美好的未来在等着我们去创造。

文本基础

在本书的十位见证者中，有九位是用口头形式讲述自己的故事。我将她们的口述内容记录在磁带上，然后进行转录和编辑，并让所有见证者阅读了相应的文字稿。她们帮我更正了错误，最后确认了这份文字稿。我与她们分别在如下日期进行了面对面的交谈：

玛丽亚·西嘉尔：2010 年 4 月 15 日和 2011 年 5 月 11 日。

朱迪斯·梅塞尔：2011 年 5 月 11 日。

伊迪丝·诺托维奇：2012 年 6 月 11 日和 2013 年 4 月 17 日。

玛丽亚·加布里埃尔森：2012 年 6 月 26 日和 2013 年 4 月 3 日。

布兰奇·马约尔：2012 年 11 月 5 日。

伊莎贝拉·沃尔夫：2012 年 11 月 29 日和 2013 年 1 月 25 日。

艾拉·布鲁蒙莎：2012 年 12 月 12 日和 2013 年 2 月 19 日。

伊冯·恩格尔曼：2012 年 3 月 13 日和 15 日。

奥尔嘉·霍拉克：2012 年 3 月 16 日。

兹邓卡·范特罗娃：2012 年 9 月 29 日和 2013 年 5 月 8 日。

由于布兰奇·马约尔患有中风，并且失去了部分语言表达能力，她是本书里唯一一个无法口头讲述故事的见证者。在获得布兰奇·马约尔和《我在奥斯维辛幸存下来：布兰奇·马约尔向您讲述》一书的作者奥德瓦·雪尔贝里的许可下，我与玛丽特·朗米尔合作编写了马约尔部分的文本。在朗诵给马约尔听后，她对文本内容进行了一些调整，并大致认可了我们撰写的内容，之后由她的儿子——彼得·马约尔进行审读和编辑，最终形成了修订后的文本。

其他九位见证者的故事内容都是基于上述采访编辑所得。在某些情况下，我根据她们的个人意愿，在这些由见证者提供的口头叙事外添加一些她们过去为其他出版物写的书面内容，作为补充。包括此类附加信息在内的所有文本内容均得到了见证者的认可。涉及的出版物为：

兹邓卡·范特罗娃，2010 年，《The Tin Ring》（锡戒指），Northumbria Press 出版社出版，McNidder & Grace 出版社再版。

奥尔嘉·霍拉克，2000 年，《Auschwitz to Australia：A Holocaust Survivor's Memoir》（从奥斯维辛到澳大利亚：一位大屠杀幸存者的回忆录），Jagar Sprinting 出版社出版，悉尼犹太博物馆代理。

奥德瓦·雪尔贝里，2006 年，《Angitt av mamma [om Maria Gabrielsen]》（妈妈的语录【有关玛丽亚·加布里埃尔森】），Aktive Fredsforlag 出版社出版。

奥德瓦·雪尔贝里，2009 年，《Jeg overlevde Auschwitz. BlancheMajor forteller》（我在奥斯维辛幸存下来。布兰奇·马约尔向您讲述），Aktive Fredsforlag 出版社出版。

玛丽亚·西嘉尔，2009 年，《Maria's Story：

Childhood Memories of the Holocaust》（玛丽亚的故事：大屠杀的童年回忆），Boehm Group 出版。

电影《Tak for alt. The Story of Holocaust Survivor and Civil RightsActivist Judith Meisel》（感恩一切。大屠杀幸存者和美国黑人民权运动家朱迪斯·梅塞尔的故事）1998 年，劳拉·比亚里斯制作，布鲁德里克·福克斯导演。DVD 版约 60 分钟。SirenaFilms 电影公司发行。

术语和概念的解释

莱因哈德行动

纳粹谋杀波兰犹太人的行动代号，通过建立灭绝营行动，该行动标志着大屠杀最致命的初始阶段。参阅"导言"部分。

积极和平旅行

挪威公司名，专门组织旨在培养青年人生活态度的游学旅行，包含主题和历史文档等内容，尤其是前往前纳粹集中营和灭绝营的游学。参阅 http://www. aktive-fredsreiser. no/index. htm。

卡雷尔·安切尔

捷克指挥家。在特雷津集中营和奥斯维辛集中营中幸存下来，但其妻儿均在集中营中丧生。

摩德凯·阿涅莱维奇

犹太战斗组织（ZOB）的领导者，1943 年春带领犹太人反抗德国在华沙犹太区的统治。1943 年 5 月 8 日，在党卫军发现并占领其掩体后遭杀害。

反犹太主义

因为对方是犹太人，便对其抱有敌对态度，并开展针对其行动的指称。

劳改营

参阅"导言"部分。

赫尔嘉·阿恩岑

于 1992 年创立了前往奥斯维辛的"白色巴士"，并于 1998 年创立了积极和平旅行公司。赫尔嘉·阿恩岑出生于德国，但自 1962 年以来便定居挪威。

弗雷德·阿斯泰尔

美国演员、舞者和歌手。

奥斯维辛

参阅"导言"部分。

贝尔泽克

波兰东南部的灭绝营。在 1942 年 3 月至 12 月之间，大约有 43.4 万名犹太人和数量不明的波兰人及罗姆人被驱逐到该营地，并在那里被谋杀。很少有人在贝尔泽克灭绝营幸存下来。

乔·本科夫

挪威前议会主席，右翼政治家，《从犹太教堂到略芙巴肯》一书的作者。

脚气病

维生素 B 缺乏引起的神经疾病。症状包括关节和肌肉无力、颤抖、疼痛以及心悸。

营地楼房

营地中营房的指称。

营房长者

负责管理囚犯的营房管理员，即负责管理营房秩序的囚犯。营房管理员一般向党卫军军官汇报工作，并对营房担负总体责任（请参阅：职能囚犯）。

营房管理员

参阅：营地楼房、营房长者。

贝尔托·布莱希

德国戏剧家和诗人。

布痕瓦尔德

这座建在德国魏玛的集中营并非灭绝营，但是囚犯遭到强迫劳动，被受到严厉的管教，营地进行了广泛的谋杀行动，尤其针对苏联战俘。营地共有25万名囚犯，战争期间约有5.6万人死亡。

切姆诺

位于罗兹西北方向50公里处的灭绝营。在切姆诺灭绝营中有逾15万人被谋杀。

达豪

1933 年春德国建立的第一个集中营，位于慕尼黑以北的达豪市。该集中营是后来建立的集中营的原始模板。该营地至少有 3 万名囚犯被杀害。

大卫之星

由两个三角形组成的六角星。大卫之星是一个古老的象征符号，但直到 19 世纪才被视为犹太的特定符号。

DAW

德国武器装备工厂的缩写，由党卫军运营的生产武器装备的公司，强迫成千上万的囚犯在工厂劳动。DAW 在奥斯维辛和萨克森豪森集中营都设有工厂。

德尔斐神谕

德尔斐的先知是希腊神阿波罗的先知。先知的女祭司皮提亚经常以含糊的方式进行预言，鼓励人们作进一步解释。

驱逐

被迫流放到特定的，通常是遥远且未知的居住地。纳粹德国政体为剥削和惩罚犹太人和其他群体，便对其进行驱逐，目的地通常是设在德国或被德国占领的国家的集中营。

玛琳·迪特里希

德裔美籍演员兼歌手。

安东·德沃夏克

捷克作曲家。

痢疾

由细菌引起的疾病，导致严重腹泻，极端情况下可能致死。

德国特别行动队

在德国军队占领的地区，特别是东部前线，识别、逮捕和杀害犹太人的党卫军流动屠杀分队。

利奥·艾廷格

1939 年来到挪威的捷克犹太人，当时年仅 27 岁。他曾是奥斯维辛集中营和布痕瓦尔德集中营的囚犯，并与塞缪尔·斯坦曼和朱利叶斯·帕蒂尔一起幸存下来。后成为精神病学教授，撰写并出版了有关集中营幸存者及其身心健康的著作。他将集中营留下的伤害现象称为 KZ 综合征，并因此赢得了国际认可。

囚犯类型

德国集中营中的囚犯分为几类，每个囚犯的制服上都带有彩色标记（三角形）。政治犯的三角形为红色，罪犯绿色，同性恋粉红色，耶和华见证人紫色，妓女、流浪者、乞丐、失业者和一些罪犯等"社会边缘"人物则为黑色。罗姆人最初佩戴棕色三角形，后来又经常被标为"社会边缘"类型。犹太人则佩戴黄色的大卫之星，或者是实际上由黄色和红色三角形组合而成的星星，多用于犹太政治犯。此外，还有其他囚犯类型的象征符号。政治犯大多来自被占领和吞并的国家，因此需要接受密切观察。德国政治犯保留着红色三角形。其他人则在三角形前标有字母，代表其国籍，例如挪威人会在红色三角形前标有黑色的 N 字母。

蜂窝织炎

在身体组织中扩散并形成的感染。由于缺乏维生素和脂肪，囚犯的伤口经常无法愈合。

福尔克·贝纳多特

瑞典伯爵，外交官兼红十字会负责人，他组织了"白色巴士"，解放了来自德国集中营的挪威和丹麦囚犯。1948 年，联合国委托贝纳多特调解巴勒斯坦冲突。1948 年 9 月 17 日，他在耶路撒冷被犹太恐怖分子杀害。另请参阅："前往奥斯维辛集中营的白色巴士"。

叙事

参阅"导言"。

职能囚犯

在营地的非正式组织层次结构中具有特殊功能

的因犯，例如 Kapo（请参阅：Kapo）、营房管理员（请参阅：Blockälteste）、仓库管理员、写字员和"老因犯"。一个营房管理员会配备多名写字员和"老因犯"，即一群因犯的领头者，作为营房"运作"的助手。营房管理员则受营地管理员的管理，其数量则根据营地的大小而有所不同。建立这种非正式的监狱等级制度是为了组织和简化监狱营地的运作。一些因犯在这种等级制度中被赋予某些职位，这意味着他们获得了高于其他因犯的权力，这可能对营地的状况产生消极影响或积极影响。有职能的因犯可能会滥用职权并恐吓因犯同胞，或者他们可以利用这些职位尽可能地帮助因犯。但无论如何，这个监狱等级制度由党卫军管理。

亚当·格尼亚科夫

华沙犹太区的犹太委员会主席。1942 年自杀。

库尔特·吉伦

德国犹太裔演员和导演，被驱逐至特雷津集中营，后在奥斯维辛集中营被杀害。

盖世太保

秘密国家警察的缩写，民族社会主义时期的德国及第二次世界大战期间被侵占国家的官方警察。

贫民窟/犹太区

为某一群人预留的单独区域，该词的挪威语词源来自威尼斯的当地语言。欧洲最早的犹太贫民窟建立于 1516 年的威尼斯共和国，当时的意思为沉积在岛上的炉渣。在这本书中，战争期间使用了犹太贫民窟这个词汇。犹太人聚集在城市的某个城镇上，某些犹太区人满为患，营养和卫生的状况非常糟糕，社会灾难随处可见。通常，犹太人区只是在犹太人被驱逐到各个集中营和灭绝营之前的过渡阶段。

约翰·沃尔夫冈·冯·歌德

德国最著名的诗人，著作几乎涉及所有文学流派。

尼古莱·果戈理

俄罗斯戏剧家，长篇小说和短篇小说作家。

伊尔玛·格雷瑟

臭名昭著的女狱警，其头衔是党卫军的助手，绰号"美丽的野兽"，曾在拉文斯布鲁克、奥斯维辛和贝尔根-贝尔森集中营工作。1945 年秋天，正值 22 岁的格雷瑟被英国军事法院判处死刑，该法院在贝尔根-贝尔森对 48 名党卫军人员提起诉讼。

格罗斯-罗森

格罗斯-罗森集中营成立于 1940 年，是今天波兰下西里西亚地区萨克森豪森集中营中的一个营地。该营地于 1941 年成为独立营地，并拥有包括沃尔夫斯堡在内的诸多营地。沃尔夫斯堡属于猫头鹰山的里泽难民营，坐落在布雷斯劳附近。格罗斯-罗森共有约 13 万名囚犯，其中约有 4 万人死亡。

"化为青烟"

集中营里用来描述死亡和死亡后被焚烧的术语。

爱丽丝·赫兹·索默尔

来自捷克斯洛伐克的犹太钢琴家。在特雷津集中营举办了约 100 场音乐会，后成为幸存者，现居伦敦。她出生于 1903 年，是世界上已知最年迈的大屠杀幸存者。

莱因哈德·海德里希

德国纳粹政治家和党卫军军官，于 1939 年成为"国家安全总局"（RSHA）的负责人，并且在大屠杀的计划和组织中发挥了重要作用。此外，他是 1942 年 1 月举行的万湖会议的负责人。1940 年，海德里希在挪威作为飞行员参加战斗机的飞行演练。1942 年 5 月被捷克斯洛伐克抵抗组织杀害。兹邓卡·范特洛娃现居伦敦的大楼便是密谋此次暗杀行动的地点。

阿道夫·希特勒

德国纳粹政治家，1933 年—1945 年间纳粹德国时期的德国总理。1945 年 4 月 30 日自杀。

希特勒青年团

年轻人组成的纳粹青年组织。

大屠杀中心

大屠杀和少数群体研究中心，位于奥斯陆比格岛的格兰德别墅。这座在战争期间被称为"金姆勒"的建筑是维德昆·奎斯林在 1941 年至 1945 年 5 月 8 日德国投降期间的私人住所。

大屠杀

有系统的且有国家资助的机械式种族灭绝。在第二次世界大战期间，纳粹德国及其盟友共处决了 600 万犹太人。与纳粹大屠杀密切相关的是纳粹对罗姆人、波兰人、苏联战俘、同性恋者、耶和华见证人、政治战俘和残疾人的大屠杀。这个词最初的意思是"焚烧献祭"，取自希伯来圣经的古希腊语翻译。东欧的犹太人使用意第绪语的"churb'n"（歼灭）或希伯来语"shoah"（灾难）一词来代替，以色列的犹太人则使用"shoah"一词。参阅"导言"部分。

米克洛斯·霍西

匈牙利海军上将兼政治家，1920 年 3 月 1 日至

1944 年 10 月 15 日在匈牙利担任总督。

鲁道夫·霍斯

奥斯维辛集中营的指挥官。1947 年在克拉科夫被法院起诉，并判处死刑。

通往奥斯维辛的白色巴士

挪威基金会组织前往纳粹前集中营的纪实旅行。另请参阅："福尔克·贝纳多特"。http：//www. hvitebusser. no/omoss。

德国工业集团法本公司

通过使用囚犯作为强迫劳动者与奥斯维辛集中营紧密联系的德国工业公司。该公司建立了一个与营地有关的生产合成橡胶的工厂，该工厂最终成为一个独立的营地，称为奥斯维辛-蒙诺维茨，该集中营又设立了多个营地。

1942 突袭犹太人

1942 年 10 月，挪威境内所有犹太人的固定资产和财产均被没收，所有犹太男性被捕。一个月后，犹太妇女和儿童也被捕。

奥斯陆犹太博物馆

一个记录和传播有关犹太人移民至挪威、在挪威生活和融入挪威社会等相关信息的博物馆。

Kapo

德语"同监人警察"的缩写，帮集中营指挥官监督其他犯人的囚犯，在他之下还设有若干个班长。

彼得·基恩

犹太艺术家、诗人。于 1941 年 12 月被驱逐到特雷津集中营，1944 年 10 月被驱逐到奥斯维辛集中营，后与妻子和父母在该地丧生。

马丁·路德·金

美国浸信会神父，和平主义者和非裔美国人，黑人民权运动领袖。1964 年获得诺贝尔和平奖。

集中营

严密守卫的监狱营地（特别是针对民权反对派和少数族裔群体），其特点是残忍的管理手段、低营养的食物以及不良的卫生条件。纳粹德国集中营包括灭绝营，特别是犹太人的集中营和强迫劳动营。另请参阅："导言"。

约瑟夫·克拉默

贝尔根-贝尔森集中营的指挥官。1945年秋被英国军事法庭判处死刑。

弗朗茨·李斯特

匈牙利钢琴演奏家和作曲家。

迈丹尼克集中营

参阅"导言"。

詹·马萨里克

捷克政治家、外交部部长，托马斯·马萨里克之子。

托马斯·马萨里克

两次世界大战期间捷克斯洛伐克的第一任总统兼首席政治家。作为自由和民主人文主义的拥护者，他享有近乎传奇般的声望。

毛特豪森集中营

德国境外的第一个集中营在奥地利林茨附近建立。之所以选择毛特豪森，是因为那儿有开采花岗岩的机会，许多囚犯被雇用在采石场强迫劳动。20万名囚犯中约有一半死亡。除了许多因饥饿，疲惫和辛勤工作而丧生的人之外，还有数千人死于虐待、处决、活埋、食物中毒或毒气。毛特豪森是唯一一个与东部灭绝营一起被归为三类营地的集中营，即最糟糕的集中营。

约瑟夫·曼格勒

1943 年至 1945 年在比克瑙工作的人类遗传学家、党卫军少校。负责大量医学实验和挑选进入毒气室的人员，这些实验使无数囚徒丧生。战后设法逃到南美，并于 1979 年在巴西去世，逃脱了对其罪行的法庭审判。

米拉街 18 号

犹太战斗组织（ZOB）的总部。在摩德凯·阿涅莱维奇的领导下，ZOB 于 1943 年春天在华沙的犹太人聚居区反抗德军。

集中营囚犯

对瘦到皮包骨的囚犯的指称。

纳兹韦勒

纳兹韦勒-斯特鲁特霍夫集中营于 1941 年在斯特拉斯堡/阿尔萨斯附近建立，囚犯大多受雇于附近的采石场。该营地被称为夜与雾（NN）营地，因为该营地中的一大批囚犯属于 NN 囚犯类别，他们将在"夜晚和大雾中"失踪，并且既不被允许接收包裹也不被允许收发信件。

纽伦堡法令

1935 年德国议会在纽伦堡通过的两项反犹太法

律的总称。这些法律导致犹太人丧失其公民权利，并使反犹太主义成为纳粹德国官方政策的一部分。

关怀
参阅"导言"。

邪恶
参阅"导言"。

箭十字党
1944 年 10 月至 1945 年 1 月统治匈牙利的反犹太亲德政党。

胸膜炎
胸炎，肺部炎症。

卡尔·拉姆
1944 年 2 月至 1945 年 5 月，在特雷津集中营担任指挥官。1947 年，在捷克斯洛伐克的法院被判处死刑。

拉文斯布鲁克

纳粹的女性集中营，位于柏林以北约 90 公里处。该营地的建造始于 1938 年，源自党卫军首领海因里希·希姆勒的命令，并于 1939 年 5 月正式启用。拉文斯布鲁克的囚犯中有逾 13 万妇女和约 2 万名男性。其中有逾 4 万名囚犯幸存下来。该营地的妇女来自所有被德国占领的欧洲国家，也包括来自挪威的囚犯。

犹太新年 （Rosh hashana）

犹太新年从犹太年历的 1 月 1 日（公历 9 月—10 月）开始，持续两天。从犹太新年开始到犹太教的赎罪日（Yomkippúr）共十天。

安息日

按照犹太传统，一周中的最后一天是从日落时分的星期五下午到日落之后的星期六。这个词来自希伯来安息日（"戒息"），参见《出埃及记》20 章 8—10 节和《申命记》5 章第 12—15 节。安息日是休息的日子，也是犹太教最重要的节日，因为每个星期都有安息日。

拉斐尔·舍希特

犹太作曲家、钢琴家和指挥家。在特雷津集中营的文化生活中扮演了关键角色。1944 年 10 月，他被驱逐到奥斯维辛集中营，并在那里丧生。

阿诺尔德·勋伯格

奥地利作曲家，以十二音风格和无调音乐实验而闻名。

克里斯蒂安·辛丁

挪威作曲家。

坏血病

维生素 C 缺乏症引起的疾病，症状包括嗜睡，皮肤和口腔出血，食欲不振和减重。

贝德里赫·斯美塔那

捷克作曲家、音乐老师。

索比堡

波兰东部的灭绝营。至少有 16.7 万人在该营
地被谋杀。

SS（党卫军）

SS 是德语 Schutz-Staffel 的缩写。党卫军最初是
希特勒和中央领导人的保镖。但是，该组织日渐发
展成为纳粹政权中最有权力的机构之一，拥有十二
个总部办公室。从 1936 年开始，领导人海因里
希·希姆勒（Heinrich Himmler）的头衔就变成了
党卫军首领和德国警察局局长。从那时起，该组织
在德国也设有警察部队，这表明通常由国家负责的
职能已委托给最初是私人保镖团伙性质的组织。此
外，党卫军控制了许多团体（例如，德国国防军、
德国设备厂有限公司、德国营养与饮食实验研究所
和德国国防军，以及德国纺织和制衣工业有限公
司），但其最重要的职能是警察和武装党卫军。后
者包括各种军事组织以及骷髅总队，即集中营中的
看守人。

施塔特阿伦多夫

马尔堡以东约 20 公里的德国城市,在第二次世界大战期间,那里有与大型弹药工厂相关的强迫劳改营。

斯图博娃

担任集中营管理层助理或助手的囚犯。

犹太教堂

犹太的上帝之家。最早的犹太教堂可能起源于公元前 500 年的巴比伦流放时期。第二次世界大战期间,纳粹德国在东欧和中欧以及巴尔干地区摧毁了数以万计的犹太教堂和小型祈祷堂。

保密

参阅"导言"。

特雷津

参阅"导言"。

时代见证者

参阅"导言"。

约瑟夫·蒂索

斯洛伐克神父和政治家，第二次世界大战期间德国控制下的斯洛伐克的傀儡领导人。战后他因战争罪被判处死刑。

图拉

摩西五经和犹太人圣书的希伯来语名称。

特雷布琳卡

位于波兰的灭绝营，坐落在华沙东北方向约100公里处，在1941年夏天至1942年秋期间运作。该营地有80万至90万犹太人被谋杀。幸存者寥寥无几。

斑疹伤寒

通常由虱子传播的传染病。

维克多·乌尔曼

犹太作曲家、指挥和钢琴家，对特雷津的文化活动做出了重要贡献。1944 年 10 月被驱逐到奥斯维辛集中营，并在抵达后不久被杀。

乌姆施拉格广场

纳粹聚集犹太人并将其装载到车辆（尤其是火车）上的集结地点或转运地点，以驱逐到集中营和灭绝营。

朱塞佩·威尔第

意大利歌剧作曲家。

万湖会议

1942 年 1 月 20 日，在党卫军德国国家安全总局（二战时期部门，现已裁撤）局长莱因哈德·海德里希的领导下，党卫军高级官员和一般官员在柏林万湖旁的一座别墅中举行了会议，该会议的主题是灭绝犹太人。虽然灭绝犹太人的行动已经在进行中，但由于与会人员并没有决策权，所以本次会议并没有做出消灭欧洲犹太人的决定，但已经对灭绝行动做了计划和组织。

国防军

纳粹时代的德国国防部队。

埃利·威塞尔

出生于罗马尼亚的犹太作家、哲学家和政治活动家。他在奥斯维辛集中营中幸存了下来，1963 年加入美国国籍。1986 年获得诺贝尔和平奖。

赎罪日

犹太赎罪日是圣历七月—提斯利月的第十天，公历时间则在 9 月 15 日至 10 月 14 日之间。

参考文献

Assmann, Aleida. 1999. *Erinnerungsräume. Funktionen und Wandlungen des kulturellen Gedächtnisses.* München: C. H. Beck.

Benkow, Jo. 1985. *Fra synagogen til Løvebakken.* Oslo: Gyldendal.

Benkow, Jo. «Holocaustdagen 27. januar 2012». http:// www. hlsenteret. no/arrangementer/2012/Jo% 20Benkows%20tale%20Holocaustdagen%202012. pdf

Benz, Wolfgang（red.）. 2002. *Lexikon des Holocaust.* München: C. H. Beck.

Benz, Wolfgang, Hermann Graml og Hermann Weiß （red.）. 2001. *Enzyklopädie des Nationalsozialismus.* München: dtv.

Bruland, Bjarte. «Deportasjonen og utryddelse av norske jøder». http://www. oslo. diplo. de/contentblob/2768328/Daten/856867/46_DownloadDatei. pdf

Bruland, Bjarte. 2012. «Norway's Role in the Holo-

caust». I *The Routledge History of the Holocaust*，
red. Jonathan C. Friedman，s. 232 – 47. London：
Routledge.

Børsum，Lise. 2007. *Fange i Ravensbrück*. Oslo：
Gyldendal. 1946 年首次出版。

Corell，Synne. 2010. *Krigens ettertid*. *Okkupasjon-shistorien i norske historiebøker*. Oslo：Spartacus.

Coupechoux，Patrick（red.）. 2003. *Mémoires de déportés：histoires singulières de la déportation*.
Paris：La Découverte.

Erll，Astrid. 2011. *Kollektives Gedächtnis und Erin-nerungskulturen*. *Eine Einführung*. Stuttgart：J.
B. Metzler.

Dahl，Hans Fredrik m. fl.（red.）. 1995. *Norsk krigsleksikon 1940 – 45*. Oslo：Cappelen.

Eriksen，Trond Berg，Håkon Harket og Einhart
Lorenz. 2005. *Jødehat*. *Antisemittismens historie fra antikken til i dag*. Oslo：Damm.

Fantlová，Zdenka. 2010. *The Tin Ring*. Newcastle：
Northumbria Press. Nå publisert av McNidder &

Grace.

Friedman, Jonathan C. (red.). 2012. *The Routledge History of the Holocaust*. London: Routledge.

Felman, Shoshana og Dori Laub. 1992. *Testimony: Crises of Witnessing in Literature, Psychoanalysis, and History*. New York/London: Routledge.

Fure, Odd-Bjørn. 2002. «Tilintetgjørelsen av de norske jødene». *Nytt Norsk Tidsskrift* 19: 2, s. 111 - 140.

Goldenberg, Myrna. 2012. «Double Jeopardy: Being Jewish and Female in the Holocaust». *The Routledge History of the Holocaust*, red. Jonathan C. Friedman, s. 397 - 411. London: Routledge.

Heger, Wanda. 1984. *Hver fredag foran porten*. Oslo: Gyldendal.

Horak, Olga. 2000. *Auschwitz to Australia: A Holocaust Survivor's Memoir*. Sydney: Jagar Sprinting. Nå distribuert av Sydney Jewish Museum.

LaCapra, Dominick. 1998. *History and Memory after Auschwitz*. Ithaca: Cornell University Press.

Langer, Lawrence L. 1991. *Holocaust Testimony*: *The Ruins of Memory*. New Haven: Yale University Press.

Laqueur, Walter (red.). 2001. *The Holocaust Encyclopedia*. New Haven: Yale University Press.

Levin, Irene. 2001. «Taushetens tale». *Nytt norsk tidsskrift* 18: 4,第 371 - 382 页。

Levin, Irene. 2013. «The Social Phenomenon of Silence». I *The Holocaust as Active Memory*: *The Past in the Present*, red.

Marie Louise Seeberg, Irene Levin og Claudia Lenz, s. 187 - 197. Farnham: Ashgate.

Lorenz, Einhart. 2003. *Veien mot Holocaust*. Oslo: Pax.

Lothe, Jakob og Anette Storeide (red.). 2006. *Tidsvitner. Fortellinger fra Auschwitz og Sachsenhausen*. Oslo: Gyldendal.

Lothe, Jakob, Susan Rubin Suleiman og James Phelan (red.). 2012. *After Testimony*: *The Ethics and Aesthetics of Holocaust Narrative for the Future*.

Columbus: Ohio State University Press.

Lothe, Jakob og Jeremy Hawthorn (red.). 2013. *Narrative Ethics*. New York: Rodopi.

Lund, Jacob. 2011. *Erindringens æstetik. Essays*. Aarhus: KLIM.

Løgstup, Knud E. 1956. *Den etiske fordring*. København: Gyldendal.

Miller, J. Hillis. 2011. *The Conflagration of Community: Fiction before and after Auschwitz*. Chicago: University of Chicago Press.

Mendelsohn, Oskar. 1987. *Jødenes historie i Norge gjennom 300år*. 2 bind. Oslo: Universitetsforlaget.

Ottosen, Kristian. 1995. *I slik en natt. Historien om deportasjonen av jøder fra Norge*. Oslo: Aschehoug.

Piper, Franciszek og Teresa Swiebocka (red.). 2002. *'Auschwitz: Nazi Death Camp*. O' swi ecim: The Auschwitz-Birkenau State Museum.

Rees, Laurence. 2005. *Auschwitz. Nazistene og den endelige løsningen*. Oslo: Schibsted.

Schjølberg, Oddvar. 2006. *Angitt av mamma* [om Maria Gabrielsen]. Risør: Aktive Fredsforlag.

Schjølberg, Oddvar. 2009. *Jeg overlevde Auschwitz. Blanche Major forteller*. Risør: Aktive Fredsforlag.

Sebak, Per Kristian. 2008. *«Vi blir neppe nogensinne mange her». Jøder i Bergen 1851 –1945*. Bergen: Vigmostad & Bjørke. Seeberg, Marie Louise, Irene Levin og Claudia Lenz (red.). 2013.

The Holocaust as Active Memory: The Past in the Present. Farnham: Ashgate.

Segal, Maria. 2009. *Maria's Story: Childhood Memories of the Holocaust*. Santa Barbara: Boehm Group.

Stanghelle, Harald. 2004. «Tidsvitnenes tale». *Aftenposten*, 31. oktober.

Storeide, Anette H. 2007. *Fortellingen om fangenskapet*. Oslo: Conflux.

Storeide, Anette H. 2010. *Arven etter Hitler. Tysklands oppgjør med naziregimet*. Oslo: Gyldendal.

Suleiman, Susan Rubin. 2006. *Crises of Memory and the Second World War*. Cambridge, Mass. : Harvard University Press.

Søbye, Espen. 2003. *Kathe, alltid vært i Norge*. Oslo: Oktober. *Tak for alt. The Story of Holocaust Survivor and Civil Rights Activist Judith Meisel*. Film produsert av Laura Bialis og redigert av Broderick Fox. DVD ca. 60 min. Sirena Films, Los Angeles,1998.

United States Holocaust Memorial Museum Encyclopedia of Camps and Ghettos, 1933 – 1945. http://www.ushmm.org/research/center/encyclopedia/

Vetlesen, Arne Johan. 2005. *Evil and Human Agency: Understanding Collective Evildoing*. Cambridge: Cambridge University Press.

Volavková, Hana. 1993. ... *I never saw another butterfly ... Children's Drawings and Poems from Terezín Concentration Camp 1942 – 1944*. New York. Schocken Books.

Vold, Jan Erik. 2007. *Ruth Maiers dagbok. En*

jødisk flyktning iNorge. Oslo: Gyldendal.

Young, James E. 1988. *Writing and Rewriting the Holocaust: Narrative and the Conse*.

http://jodiskmuseumoslo. no/

http://www. hlsenteret. no/

http://www. sydneyjewishmuseum. com. au/

http://www. kaplancentre. uct. ac. za/

http://www. jewishsantabarbara. org/

http://www. ushmm. org/

http://www. yadvashem. org/

http://en. auschwitz. org/h/index. php

http://www. jewishmuseum. org. pl/en/

http://www. pamatnik-terezin. cz/en? lang=en

http://bergen-belsen. stiftung-ng. de/

索引

316

霍格　71,73

图书在版编目（CIP）数据

时代的女性见证者：大屠杀的故事/（挪）雅各布·罗斯著；
（挪）艾格奈特·布鲁恩，（挪）斯蒂夫·奈尔松，（挪）雅各布·
罗斯摄影；沈赟璐译. —上海：上海三联书店，2022.1 重印
　ISBN 978 - 7 - 5426 - 7384 - 8

　Ⅰ. ①时… 　Ⅱ. ①雅…②艾…③斯…④沈… 　Ⅲ. ①第二
次世界大战—犹太人—集中营—史料 　Ⅳ. ①K152

中国版本图书馆 CIP 数据核字（2021）第 057390 号

本译作获得挪威海外文学推广基金会的出版资助

时代的女性见证者：大屠杀的故事

著　　者 / ［挪］雅各布·罗斯
摄　　影 / ［挪］艾格奈特·布鲁恩　　［挪］斯蒂夫·奈尔松
　　　　　　［挪］雅各布·罗斯
译　　者 / 沈赟璐
责任编辑 / 杜　鹃
装帧设计 / 一本好书
监　　制 / 姚　军
责任校对 / 王凌霄

出版发行　上海三联书店
　　　　　（200030）中国上海市漕溪北路 331 号 A 座 6 楼
邮购电话 / 021 - 22895540
印　　刷 / 上海惠敦印务科技有限公司

版　　次 / 2021 年 5 月第 1 版
印　　次 / 2022 年 1 月第 2 次印刷
开　　本 / 787×1092　1/32
字　　数 / 190 千字
印　　张 / 12.75
书　　号 / ISBN 978 - 7 - 5426 - 7384 - 8/K·635
定　　价 / 69.00 元

敬启读者，如发现本书有印装质量问题，请与印刷厂联系 021 - 63779028